AS

SUR LES TRACES
DE FRA

Photos
Markus Bühler

Textes
Michael Gamper
Walter Leibundgut
Sepp Renggli
Elmar Wagner
Urs Zimmermann

TABLE DES MATIÈRES

7 Le mythe du Tour de France
36 Comment le Tour fascine son public
Michael Gamper

45 L'organisation du Tour
74 Un regard dans les coulisses
Walter Leibundgut

85 L'équipe
100 Divise et règne
Elmar Wagner

109 Le Tour est en marche
132 Le Tour de France vu par un coureur
Urs Zimmermann

139 L'histoire du Tour de France
140 Ours, empoisonneurs et gladiateurs
Sepp Renggli

160 Remerciements et sources iconographiques

LE MYTHE D

Au bord du Lac de Chambon, en route
vers Les Deux-Alpes.

Deux manières d'attendre le Tour: Un gendarme chasse les chèvres sur la route du Col d'Aubisque; deux heures avant l'arrivée des coureurs près de Piau-Engaly, les spectateurs trompent leur impatience en s'installant commodément.
▸ Photo-souvenir: Des fans du vélo espagnols font passer le temps sur le Col du Tourmalet.

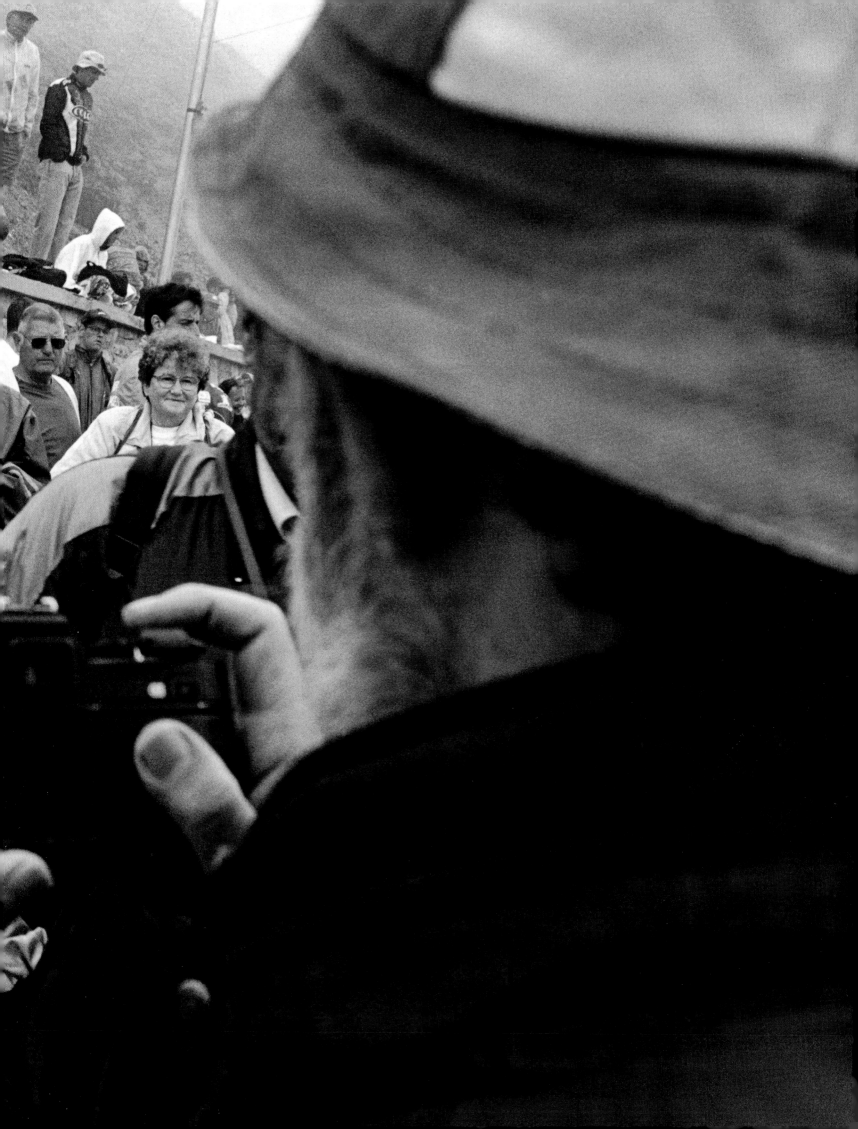

Soutien moral pour les coureurs: Sur le Col du Tourmalet, des fans écrivent au pinceau le nom de leurs favoris en travers de la route; un gendarme dégage la chaussée.
▸ Les uns transpirent, les autres ont froid: Rossano Brasi de l'équipe Polti sur le Col du Tourmalet.
▸▸ La récompense d'une longue attente: contact étroit des admirateurs avec le champion français Laurent Jalabert, sur le Col de la Madeleine.

Les nombreuses facettes du Tour: Terrassé par un collapsus cardiovasculaire lors de sa montée vers Les Deux-Alpes, un Japonais féru de courses cyclistes, trempé jusqu'aux os, attend l'ambulance sur le bord de la route; du haut de leur voiture d'accompagnement bien chauffée, de jeunes hôtesses font l'article pour le t-shirt officiel sur le Col de la Madeleine.

▶ Duel des géants sur le Col de la Madeleine: Jan Ullrich et Marco Pantani.
▶▶ Boire, boire et encore boire: Paolo Lanfranchi, de l'équipe Mapei, dans la montée vers l'Alpe d'Huez.
▶▶▶ Une échappée observée de près: Lance Armstrong laisse derrière lui le peloton en aval de Sestrière.

Un chez-soi à la fois agréable et déplaçable ici et là: Parking pour camping-cars près des Deux-Alpes; terrain où l'on fera étape à Pian-Engaly, avant l'arrivée des coureurs.
▸ L'épuisement à l'arrivée: Angel Casero de l'équipe Vitalicio Seguros sur le plateau de Beille.

Le fan et son idole: Un admirateur de Marco Pantani est monté sur trois roues aux Deux-Alpes; après une longue conférence de presse, la star quitte sur quatre roues le lieu d'arrivée aménagé sur le plateau de Beille.
▸ L'objectif majeur est de faire sensation: arrivée de la caravane publicitaire sur le plateau de Beille; Bibendum, le bonhomme Michelin, personnage publicitaire traditionnel du konzern Michelin depuis des décennies, sur le parking officiel du Tour à Aix-les-Bains.

Comment le Tour fascine son public
Michael Gamper

Frank, 47 ans, habite à Willingen en Rhénanie-Palatinat. Il est monté à vélo sur le Galibier, deux heures et demie avant le passage des premiers professionnels. Son minibus, il l'a garé de bon matin à deux kilomètres en dessous du point culminant du col. À présent, il attend la caravane du Tour dans un état d'excitation fiévreuse. Dans son bus, Frank a mis un matelas, un poste de TV, quelques bouteilles de vin du Rhin ainsi que de nombreux souvenirs venant de la caravane publicitaire. Il passe quelques jours de vacances avec le Tour de France dans les Alpes de Savoie. Il n'est qu'un maillon dans une chaîne humaine qui s'étire sur les 18 kilomètres de montée jusqu'au Galibier et qui, sur les 500 derniers mètres, grossit pour former une foule dense. Quelques-uns de ceux qui la composent ont passé la nuit à 2200 mètres d'altitude sous des tentes. D'autres ont persévéré dans des camping-cars, et nombreux sont ceux qui ont parcouru plusieurs centaines de kilomètres en auto pour voir pendant quelques secondes les coureurs du Tour de France. Mais quel est le mobile qui pousse tous ces gens-là sur les bords pierreux de la civilisation? Quels sont les rêves que cette course cycliste parvient à faire naître dans l'esprit de millions d'êtres humains? Quelles sont les forces mythiques exercées par cet événement qui, aux confins de la nature ouverte sous le ciel, touche les tréfonds de l'âme humaine?

Vivre l'événement de l'Alpe d'Huez

L'Alpe d'Huez est l'un des foyers de cristallisation de cette fascination des masses faite d'un mélange d'expériences vécues dans la nature, d'enseignements reçus de l'Histoire et d'observation de performances apparemment surhumaines. En 1952, on intégra pour la première fois dans le parcours du Tour la route raide qui, du Bourg-d'Oisans, monte en 21 virages jusqu'aux hauteurs rocheuses du Pic de l'Étendard où elle ouvre au regard un vaste panorama alpin. Depuis 1976, l'Alpe fut vingt fois ville-étape. Dans un passé récent, le toponyme Alpe d'Huez est devenu le symbole d'un spectacle sportif mouvementé, débordant. Celui qui remporte une victoire ici fait partie des grands du cyclisme; son nom restera dans les mémoires, même si son succès ne peut pas être confirmé.

Les spectateurs savent que les 14 kilomètres de cette route donnent naissance à des stars et font tomber des héros de leur piédestal. C'est pourquoi les admirateurs du sport cycliste ne sont pas les seuls à occuper, jusqu'au dernier mètre presque, ce chemin ardu; l'Alpe d'Huez pousse d'autres badauds encore sur les bords de cette chaussée. Il ne reste guère un mètre carré de sol tant soit peu plat qui ne soit pas occupé, la veille au soir déjà, par une tente. De nombreuses caravanes s'installent sur des places de stationnement, et ceux qui n'ont pas passé la nuit au bord de la route gravissent de bon matin les virages dans une file serrée de voitures. C'est vers 13 heures seulement qu'on ferme cette route au trafic privé, mais les meilleures places sont alors déjà occupées. Depuis les premières heures du jour fixé pour l'arrivée du Tour, on croit assister à un pèlerinage: à gauche les marcheurs, à droite les cyclistes qui mortifient leur propre corps avant de devenir eux-mêmes les témoins des souffrances bien plus grandes encore des professionnels. Au début de l'après-midi, les positions sont occupées; la longue attente commence.

C'est une véritable culture de l'attente qui se déploie en juillet parmi les quelque 12 millions de spectateurs le long des routes de France. Sur les rampes de l'Alpe d'Huez, elle se présente, il est vrai, plus bigarrée que sur les milliers de carrefours anonymes du pays, mais les attirails et les expériences de base sont partout les mêmes. Sur l'Alpe, le virage 1 appartient aux Hollandais, qui, en t-shirts et casquettes orange, chantant et buvant de la bière, attendent le passage de leurs favoris. Deux virages plus bas, on trouve les Danois qui pratiquent des rituels analogues. Les Italiens, Allemands et Suisses se sont répartis, solitaires ou en petits groupes, sur tout le trajet où ils agitent leurs drapeaux. Mais la grande majorité est constituée par les Français. Certains sont venus avec leur famille, ont apporté des chaises et des tables pliantes, du vin, du fromage, des saucisses et des baguettes; d'autres se prélassent sur des chaises longues. La plupart, cependant, sont assis sur des murets ou s'adossent à des grillages, discutent, fument ou restent simplement plantés là, le regard vide. Ils tuent un temps infiniment long, ces heures qui n'en finissent pas de couler, pour voir passer en trombe durant quelques instants les stars, les héros déchus et les nombreux insignifiants. Beaucoup d'entre eux pourraient voir cette journée sur l'Alpe comme un symbole de leur vie. Ils attendent une chose dont ils savent pertinemment qu'elle est totalement disproportionnée aux efforts fournis. Et pourtant ils attendent.

Quand alors le moment du passage approche, la foule devient active. La caravane publicitaire déclenche de l'enthousiasme, et dès que le vacarme de l'hélicoptère s'intensifie, que le claxon des motocyclettes se fait plus nerveux, que les premiers cris d'encouragement sont portés vers le haut de la route, les nombreux spectateurs fusionnent pour devenir une masse unique. La joie et l'enthousiasme portant sur l'objet commun de leur fascination ainsi que leur soulagement après les démoralisantes heures d'ennui font naître un sentiment collectif qui éclate dans une allégresse frénétique, le plus bruyamment quand passent les premiers, le plus cordialement pour le *grupetto* qui arrive une demi-heure plus tard. Après cela, la foule se résout de nouveau en ses éléments; les gens retombent dans leur apathie, et l'attente recommence, cette fois-ci dans l'interminable colonne de voitures sur l'étroit chemin menant à la vallée.

Conquête des montagnes

Chaque endroit particulier engendre sa masse humaine spécifique, produit son événement particulièrement frappant pour le public. Sur l'Alpe d'Huez, ce sont la tension, l'admiration et l'extase de la foule qui dominent, sur le Galibier, c'est l'expérience du sublime. L'univers montagneux, généralement ennuagé, du Galibier, vers lequel on monte par le Col du Télégraphe jusqu'à 2645 m d'altitude en partant de la vallée ensoleillée de St-Michel-de-Maurienne, cet univers est logé dans un cadre d'une majestueuse beauté. Il offre au regard humain une nature qui effraie par sa rudesse et son âpreté, qui lui révèle ses limites sensorielles. Seul le dépassement des limites corporelles apparentes des coureurs est plus impressionnant encore. Les traits de leurs visages sont distordus par la douleur chez les uns, inexpressifs par suite des privations corporelles chez les autres; mais leurs pieds tournent sur le pédalier avec la régularité d'une machine à vapeur. Il semble que leurs propriétaires soient soudés à leur vélo, condamnés à un travail sans fin et à des œuvres prométhéennes, car, derrière le point culminant du Galibier, le prochain col les attend déjà. Et si, de plus, l'éclair et le tonnerre venus du coin des Aiguilles d'Arve fondent sur l'étroit ruban tracé entre les éboulis et les rochers, on se croit définitivement transporté dans un lieu mythique où les hommes lancent sur deux roues un défi aux dieux. En 1910, Henri Desgrange, directeur du Tour, intégra pour la première fois les cols pyrénéens de Peyresourde, d'Aspin, du Tourmalet et d'Aubisque à l'itinéraire des coureurs. Cette région de montagnes frontalière entre la France et l'Espagne a gardé, en partie jusqu'à ce jour, son caractère inaccessible. Au début du siècle, elle était encore le domaine presque inviolé des ours et des loups, exposé à toutes les intempéries. Auparavant, le tracé avait passé par le Ballon d'Alsace, ce qui avait contraint de nombreux participants à abandonner la course sur les fortes pentes, mais à présent on pénétrait dans des régions alors situées au-delà du monde civilisé. Il fallut investir des sommes notables pour rendre les chemins praticables à vélo, et grande fut la crainte de voir les coureurs ne pas être à la hauteur des rudes efforts dans les montées et des dangers dans les descentes. Finalement, 41 des 110 qui avaient pris le départ franchirent la ligne d'arrivée à Paris; tous n'avaient pas vaincu les Pyrénées à vélo, la plupart avaient été contraints de franchir le Tourmalet et l'Aubisque à pied.

Octave Lapize n'était pas de ceux-là; ce Parisien de 21 ans gagna les deux étapes pyrénéennes et fut le premier «roi de la montagne» du Tour, le premier héros mythique dont les forces humaines avaient résisté aux puissances de la nature montagneuse. La lutte avec la topographie hostile des montagnes fascina davantage le public, plus encore que les simples épreuves d'endurance telles que l'étape de Brest à Caen sur plus de 424 kilomètres. Les digressions sur les géants de pierre dans les journaux faisaient donc alors partie du devoir national. À l'«époque héroïque» du Tour de France, les coureurs et les commentateurs de leur course dans le journal l'Auto qui organisait l'épreuve – mais bientôt aussi les autres médias usant de la parole écrite dans le pays – fournirent une contribution importante à la colonisation intérieure du territoire français. Ils donnèrent, en effet, une histoire aux régions pyrénéennes et alpines dominées par une nature hostile et en firent une partie de la nation civilisée qu'était la France. On roula pour la première fois en 1911 sur le Galibier qui fut ensuite intégré 48 fois dans le grand circuit jusqu'en 1999. Depuis un certain temps, les fans composent les noms de leurs favoris avec des pierres sur les prairies maigres qui bordent le trajet. L'histoire mouvementée du Tour de France s'inscrit ainsi intimement sur ce monument alpin.

Ce sont les histoires qui font l'histoire du Tour. Celles-ci remplacent les mythes traditionnels des forces supérieures d'une nature inaccessible à l'être humain, grâce à des événements qui, dans leurs narrations, prennent des qualités mythiques et se confondent souvent avec les mythes de la nature. Nul autre lieu n'est aussi apte que le Mont Ventoux à illustrer ce processus. Dans sa description de l'ascension du *Montus Ventosus,* description datée du 26 avril 1336, le poète et humaniste italien Pétrarque parle d'un «véhément désir» de grimper «sur la masse de rocher escarpée et presque inaccessible». Il ne tint aucun compte des avertissements d'un berger disant qu'il ne ramènerait de là-haut que «des peines et des regrets» et un «corps déchiqueté». Pétrarque gravit la montagne et vit qu'elle n'était pas habitée par les esprits, mais qu'on y était plus près de Dieu qu'ailleurs. Les coureurs du Tour de France firent pour la première fois une expérience analogue en 1951. Ils virent, eux aussi, que le désert de pierres d'un blanc sale, qui n'offre aucune protection contre le soleil ardent, peut être vaincu par l'énergie et la volonté. Mais pour les pédaleurs aussi, le Mont Ventoux est resté une montagne où régissent des forces apparemment surnaturelles. Aucun autre col ne soutire aussi impitoyablement les forces de leurs muscles, nulle part ailleurs on n'a signalé des défaillances aussi spectaculaires et mystérieuses. Aucune autre montagne n'a vu autant de drames, ni donné lieu à autant de récits. Nulle part ailleurs il n'apparaît aussi clairement que les coureurs ne se mesurent pas seulement avec d'autres coureurs, mais aussi avec le terrain. Dans l'historiographie du Tour, le Mont Ventoux est devenu le despote des coureurs, qui exige d'eux un tribut, épreuve pour les héros, fatalité pour les faibles.

Même les forces d'un grand nombre de «grands» ne suffirent pas pour arriver à bout de cette montée de 22 kilomètres, abrupte et régulière, qui n'offre aucune possibilité de détente. Le 18 juillet 1955, le Mont Ventoux annonce la fin de la carrière de Ferdi Kübler, alors âgé de 36 ans. Ce dernier

> «On visite et ‹revisite› les lieux où s'est déroulée une fois l'histoire du cyclisme, afin que les noms et les histoires se gravent dans l'esprit de générations de fans.»

attaque de bonne heure ce jour-là, mais perd 11 minutes sur Louison Bobet sur le tronçon dépourvu de végétation de la montagne, arrive à bout de forces à Avignon et abandonne. Le 10 juillet 1970, le Ventoux révèle pour la première fois les limites d'Eddy Merckx qui, s'il est le premier à arriver au sommet, est épuisé au point de perdre presque connaissance. Celui qui paraît imbattable découvre alors un adversaire plus fort que lui. Ses adversaires humains en tireront des leçons. Mais la tragédie la plus terrible se déroule le 13 juillet 1967. À quatre kilomètres du sommet en montée, Tom Simpson, l'un des favoris, se met à vaciller sous la chaleur torride et à zigzaguer en roulant. Il chute, un directeur sportif le remet sur son vélo, mais l'Anglais ne va pas loin. Il s'affaisse à droite dans la paroi d'éboulis et reste étendu, les mains crispées sur son guidon. Les tentatives de réanimation sont vaines: Simpson meurt à 17 heures 40 dans l'hôpital d'Avignon. Dans les poches de son maillot et dans ses bagages, on découvre des excitants. L'autopsie montre que Simpson a pris un mélange d'amphétamines et d'alcool, les premières pour dépasser ses limites naturelles, le second pour calmer ses douleurs. Un des chapitres les plus importants de l'histoire du dopage a été écrit sur le Ventoux. Si la Grande Boucle a fait connaître la nature sauvage des montagnes dans les Pyrénées, si l'ancienne mythologie de la nature lui a été léguée sur le Ventoux, elle a, sur l'Alpe d'Huez, redonné une dimension historique aux horreurs d'une époque moderne sans visage et sans passé. Dans la station de sports d'hiver de l'Alpe d'Huez se présente toute la collection des laideurs de l'architecture utilitaire alpine, faisant oublier les beautés naturelles de cet âpre paysage. L'aspect de ce village le classe parmi les nombreuses stations touristiques créées de toutes pièces par la demande, qui ont surgi du sol de la montagne depuis les années 50. Le tourisme de masse a porté les progrès de la civilisation dans cet endroit écarté, mais lui enlève la possibilité de laisser des traces culturelles qui seraient lisibles et importantes pour la génération à venir aussi. Le sport cycliste et ses protagonistes ont cependant prêté une connotation particulière au toponyme «Alpe d'Huez»; ils ont donné à ces façades quelconques un cachet qui se grave dans la mémoire. L'Alpe d'Huez est devenue le lieu où, en 1986, Hinault et LeMond ont franchi roue dans roue la ligne d'arrivée, et celui où, en 1999, un spectateur a fait tomber Guerini qui a néanmoins gagné l'étape. L'histoire de la plus grande course cycliste du monde s'est ineffaçablement gravée dans le béton et la roche de l'Alpe d'Huez. Une force d'attraction magique émane de ce nom dont les organisateurs du Tour connaissent, eux aussi, la valeur. On visite et «revisite» les lieux où s'est déroulée une fois l'histoire du cyclisme, afin que les noms et les histoires se gravent dans l'esprit de générations de fans. C'est dans le présent que le Tour fait vivre son histoire et d'une manière telle qu'elle existe rarement ailleurs dans le monde des sports. C'est probablement aussi la raison pour laquelle quelques Hollandais continuent à occuper «leur» virage sur l'Alpe, même si, depuis un certain temps, ils ne peuvent plus espérer qu'un des leurs passera en premier (comme jadis huit fois) par le virage 1.

Une part de la France mythique

Si l'Alpe d'Huez a pu profiter de la capacité du Tour à produire de l'Histoire et des histoires, le Tour, de son côté, fait passer ses coureurs par des lieux historiquement notables. Depuis 1904, la Grande Boucle se termine à Paris, mais c'est depuis 1975 seulement que les coureurs achèvent leur compétition de trois semaines sur les Champs-Élysées. Depuis lors, la *via triumphalis* de la France est aussi la voie de la victoire pour tous ceux qui ont résisté aux dangers et aux impondérables de la course à travers monts et vaux. Laissant derrière eux le Grand Palais, ils filent vers la place de la Concorde, passent devant les Tuileries et le Louvre pour revenir à la Concorde et se diriger vers l'Arc de Triomphe. Les professionnels du vélo défilent devant les témoins historiques de la Grande Nation au cœur de la capitale et deviennent eux-mêmes une part de la France mythique.

L'entreprise topographique du Tour de France est ainsi semblable à l'Odyssée, comme l'a fait remarquer le philosophe Roland Barthes. On «met à l'eau» ses protagonistes qui doivent résister à de nombreuses aventures, mesurer l'étendue du monde terrestre (français) connu, traverser parfois ses frontières et revenir finalement au bercail. Une partie de la fascination qu'exerce le Tour de France tient à la reprise d'une structure archaïque d'épreuves successives, structure qui, depuis l'Antiquité, est considérée comme une allégorie de la vie. Bien qu'entre-temps les circonstances externes aient, en grande partie, perdu leur parfum d'aventure, la structure fondamentale du Tour est restée la même. Aucun autre sport ne correspond aussi bien, par son agencement, à ces exigences que la course cycliste à étapes. L'usure corporelle extrême, la lutte avec le terrain et les éléments dans un espace non protégé en font un véritable écran sur lequel se projette le comportement primitif de l'être humain, tel un modèle de l'épreuve qu'il faut soutenir face aux adversités de l'existence.

Dans le genre narratif, c'est l'épopée qui correspond à un tel déroulement de l'épreuve. Sa grande extension temporelle, la linéarité de l'action, la difficulté, voire l'impossibilité d'observer le déroulement de la course dans toutes ses dimensions ainsi que l'évidence des performances accomplies ont, depuis toujours, induit les journalistes et les chroniqueurs à rédiger leurs reportages et leurs histoires sous l'angle de la vénération des héros. Les interminables traversées des plaines peuvent être décrites en raccourci, les points forts dans les Alpes et les Pyrénées densifiés et enrichis de poncifs basés sur la tradition épique. À l'ère de la télévision, cela n'a pas notablement changé. Même l'œil de la caméra, apparemment objectif, n'observe que les parties intéressantes, les montées, les descentes, les sprints, les pelotons de tête et les favoris. C'est pourquoi le régisseur s'efforce de rendre la transmission aussi attrayante que possible; il se sert du mode de narration qui a fait ses preuves, et c'est ainsi que l'on conserve la structure épique même dans le média des images mouvantes accompagnées du langage parlé. Un grand nombre des spectateurs au bord de la route se sont familiarisés avec le cyclisme devant leur appareil de télévision et désirent ensuite voir dans la réalité les héros dont on a parlé. De plus, où se trouve-t-on, ailleurs que dans une course cycliste, en contact aussi étroit avec les héros de notre temps? Sur les cols, ils sont littéralement à portée de la main, authenticité tactile à une époque devenue pauvre en événements vécus d'une réalité sortant de l'ordinaire.

Pour les Français, il est vrai, le Tour est empreint d'un symbolisme spécifique qui dépasse sa signification humaine commune. Chaque année, le circuit sillonne le territoire de leur patrie et confirme à la nation le nombre, l'étendue et la beauté de ses paysages. Le tracé décrit toujours une figure similaire; il dessine à peu près le rectangle des contours cartographiques du pays. La colonisation des Alpes et des Pyrénées se répète année après année, les contrées vertes de la Normandie et de la Bretagne manquent aussi rarement que les régions arides, brûlées par le soleil, du Midi, et les villes de province au riche passé servent de préférence de lieux de repos après la fatigue des heures passées à la chasse aux secondes et aux victoires. Dans la succession des étapes, la France se présente comme un pays riche de diversité et de contrastes, pays néanmoins uni par un lien rassembleur. Paris en est le centre vers lequel et sur lequel tout se ramène. En temps de crise surtout, cette fonction symbolique est très importante pour l'identité nationale. L'organisation du premier Tour après la Seconde Guerre mondiale fut, entre autres, le signe de la revitalisation d'une nation qui avait été économiquement et moralement malmenée. L'approvisionnement destiné aux coureurs et à la caravane, tout comme l'essence pour les véhicules posèrent alors des problèmes presque insolubles, mais les organisateurs jouirent de l'appui total des autorités. Ce Tour de France devait établir un pont entre le bon vieux temps et le futur encore incertain. Il devait faire renaître un enthousiasme unissant tous les Français.

Mystères de la souffrance

C'est sans doute l'admiration pour les performances corporelles des athlètes qui saisit le plus directement le public bordant les routes. Les coureurs généralement maigres comme des clous dépensent plus de 10 000 kilocalories au cours d'une étape de montagne qui les conduit souvent sur plus de 200 kilomètres de distance et à 4000 mètres d'altitude. À la fin d'une étape de plaine les sprinters accélèrent pour atteindre jusqu'à 80 kilomètres-heure presque, et ceux qui ont fait eux-mêmes leurs expériences sur le vélo de course savent ce que signifie venir à bout d'une route de col d'une longueur de 15 kilomètres et d'une pente de presque 10 pour cent, à une vitessse moyenne de plus de 20 kilomètres-heure. En chiffres, on peut mesurer abstraitement ce qui est extraordinaire dans une telle performance. Concrètement, son image se lit sur la mimique des visages distordus, sur les mouvements du torse qui paraît vouloir s'arracher aux hanches travaillant sans arrêt. Sang, sueur, larmes: les liquides qui sourdent du corps de ces hommes épuisés vous renseignent sur la capacité de souffrir de la créature.

Le cyclisme est, par ses exigences et ses comportements fondamentaux, un sport archaïque. Pour la toute première étape du Tour de France en 1903, sur 467 kilomètres de Paris à Lyon, il a fallu au vainqueur Maurice Garin 17 heures, 45 minutes et 13 secondes. On contrôlait avant tout l'endurance des coureurs et assez souvent aussi leur capacité d'orientation, car on ne pouvait pas placer à tous les carrefours quelqu'un qui indiquait le chemin à suivre. Il est vrai que la course a perdu depuis longtemps ce caractère d'odyssée mais par comparaison avec d'autres grands genres de sport, de sports modernes avant tout, ce n'est pas l'adresse, la technique et la dynamique du mouvement qui dominent, mais l'effort purement corporel. C'est le rendement des muscles, des tendons et des articulations qui est décisif.

Un comportement humain mâle primitif semble aussi s'exprimer dans les mouvements de base des coureurs. Accompagner, mener, s'échapper, poursuivre, abandonner, telles sont les pratiques centrales qui règlent en même temps les relations des athlètes entre eux. Celui qui mène se sacrifie pour un autre plus haut placé; celui qui s'échappe le fait avec une mission déterminée. Toutes les souffrances servent en définitive le bien de l'équipe dont la hiérarchie est strictement structurée. Le leader gagne, lui aussi, pour l'équipe et partage la prime du vainqueur avec ses coéquipiers. Le cyclisme est ainsi l'incarnation d'un sport rude, honnête, social. On le pratique comme le travail au champs ou à l'usine. On n'y a pas besoin de créativité, mais il faut de la persévérance et une disposition à la performance, et chacun, dans le peloton, possède ces vertus. C'est sur celles-ci que comptent les spectateurs.

C'est pourquoi le vélo est peut-être le seul sport pratiqué professionnellement et en compétition dans lequel le même respect, les mêmes applaudissements reviennent au dernier comme au premier. On ne hue et on ne siffle guère sur le bord des routes. Dans les montées brèves du Massif Central, on admire le coup de pédale aisé des meilleurs, la facilité avec laquelle ils se débarrassent des obstacles comme d'une mouche importune. Mais le respect va aux mouvements non rythmiques, raides, des derniers qui luttent désespérément pour rattraper le groupe, la bouche grande ouverte respirant avec peine, la sueur gouttant sans arrêt sur leur menton, les muscles des mollets tendus à craquer. Pour atteindre le but dans une étape de transition avant la fin du contrôle, ils souffrent souvent plus encore que le vainqueur du Tourmalet, de ce géant des Pyrénées.

On attribue facilement le titre de «héros» au coureur cycliste, car le «héros» est le protagoniste de l'épopée. Pourtant, plus encore qu'au héros vainqueur, rayonnant, les faveurs du public vont au héros tragique. Le coureur le plus populaire de France n'est pas Louison Bobet (3 victoires au Tour), ni Jacques Anquetil (5), Bernard Thévenet (2), Bernard Hinault (5) ou Laurent Fignon (2), mais Raymond Poulidor, l'«éternel second». *Poupou* est le héros de la foule. Peut-être ce fils de paysan du Midi doit-il sa popularité à l'instinct infaillible des basses couches de la société française en faveur des défavorisés et de ceux qu'a trompés le destin, instinct qui n'a cessé de soulever les masses depuis la Révolution française. Ils sont 800 000 à former, le jour du 14 juillet 1964, une haie entre Versailles et le stade du Parc des Princes lorsque Poulidor veut prendre à Anquetil, dans la course contre la montre finale, les 14 secondes qui le séparent de la victoire finale. La foule en ébullition tente, par ses incitations, de pousser Poulidor et de freiner Anquetil. Elle veut voir tomber le champion et porter sur le trône l'homme du peuple. Mais les désirs des masses parisiennes ne se réalisent pas non plus 175 ans après la Révolution qui, pour eux, fut un échec. Anquetil finit par être le plus rapide; *Poupou*, une fois de plus, est battu. Cette sympathie dont Poulidor a particulièrement joui dans les dernières années de sa carrière de coureur est également dédiée à ceux qui craquent. Tant que les jambes des stars pédalent aisément et souplement, on n'a pas de quoi exprimer des émotions particulières. Si, par contre, la petite machine bien huilée se bloque, comme frappée par la foudre divine, que les autres s'envolent et que même les assistants défilent devant l'homme accablé par le sort, alors, oui, l'émotion gagne la foule. Le tourment du héros fait appel au mythe de la souffrance qui, dans sa version chrétienne, étaye la civilisation occidentale et, sous ses formes sécularisées, parvient à la fasciner. Laurent Jalabert est un tel héros de la souffrance; aucun coureur ne s'effondre avec plus de charme que lui, et il n'est guère quelqu'un qui ait plus spectaculairement manqué de combler les espoirs de ses compatriotes dans le Tour.

L'ombre au tableau de la volonté pure

La volonté est ainsi la capacité que le public apprécie le plus chez les coureurs. Tout comme les martyrs chrétiens, ceux-ci viennent à bout des douleurs du corps par la force de l'esprit; ils subordonnent tout à l'idée de la victoire. Le regard fixe levé vers le haut de Richard Virenque dans les montées alpines et pyrénéennes exprime ce don total de soi au vélo, don qui ne connaît pas de limites. Virenque, ce petit bout d'homme, tout de muscles, de tendons, d'os et de peau, est l'incarnation même de l'homme de volonté, qui poursuit résolument, avec opiniâtreté, le but d'un succès dans le Tour, bien qu'au fond il soit presque impossible de l'atteindre en raison de ses données physiques, de sa faiblesse dans la course contre la montre. Cette poursuite incessante de l'inaccessible au plus haut niveau a fait de Virenque, dans les années 90, le coureur le plus populaire sur les routes de France.

Cette volonté pure a toutefois son mauvais côté, et celui-ci s'est révélé au public en été 1998. Selon les déclarations de son soigneur et ancien confident Willy Voet, Virenque pratiquait le dopage avec la même ténacité et la même curiosité qui le poussait à rechercher le meilleur matériel ou à perfectionner sa position sur la selle. Et ses dénégations constantes du sacrilège devenu manifeste révèlent l'opiniâtreté qui caractérise le coureur cycliste couronné de succès. La volonté du professionnel du vélo implique une attitude agressive à l'égard de son propre organisme. C'est la volonté qui lui permet de conditionner son corps, par l'entraînement et le régime alimentaire, de façon à ce qu'il convienne le mieux aux exigences de sa profession. Dans cet ordre d'idées, le dopage est un élargissement des limites naturelles intérieures de l'être humain, élargissement dangereux, il est vrai, qui exige de l'audace et le goût du risque. La capacité de rendement est l'objectif suprême, c'est le métier

> «Le cyclisme n'a jamais eu la prétention d'assumer l'idéologie du sport fair-play. Pour lui, les idéaux du mouvement olympique n'ont jamais été directifs.»

qui l'exige. La raison et la morale jouent un rôle secondaire. Tout cela n'est pas sain, bien sûr, avec ou sans strychnine, amphétamines, substances anabolisantes, corticoïdes, Epo ou PFC. Les exigences produites par le système du cyclisme, exigences auxquelles le public, les médias et sponsors ont largement participé, ont fait du dopage une certaine partie des courses cyclistes.

Le cyclisme n'a jamais eu la prétention d'assumer l'idéologie du sport fair-play. Pour lui, les idéaux du mouvement olympique n'ont jamais été directifs. Il a été l'un des premiers sports en Europe qui ait été exercé par des pros. Vers 1900, Paris était le centre du cyclisme professionnel, ce qui constitua une base importante pour la naissance du Tour de France. L'absorption de substances destinées à augmenter le rendement des sportifs a toujours été en usage et comptait parmi les rites d'initiation dans le cercle des meilleurs. Seuls les moyens et la systématique de leur usage ont changé au cours des cent dernières années. Le dopage a toujours été une science secrète, une pratique cachée dont on avait connaissance dans les cercles en question, mais sur laquelle on a toujours gardé le silence. Le Tour de France, en tant que miroir du cyclisme, a été l'objet d'une série de scandales du doping qui paraissaient menacer l'existence de la course parce que l'affaire révélée au grand public a fait beaucoup de bruit. En 1924, Maurice Ville et les frères Francis et Henri Pélissier – ce dernier est vainqueur de l'année précédente – abandonnent la course à Coutances et donnent des explications aux journalistes dans le Café de la Gare. Ils se plaignent du mauvais traitement par les commissaires, décrivent les rigueurs de leur métier et étalent devant les regards stupéfaits des personnes présentes le contenu des poches de leur maillot: cocaïne, chloroforme, pommades et cachets qu'ils ont baptisé «dynamite», entre autres. Albert Londres, reporter bien connu, se trouve là. L'article intitulé *Les forçats de la route* qu'il publiera ensuite fera l'effet d'un choc sur les lecteurs. En 1962, dix coureurs abandonnent dans la 14e étape en présentant les symptômes d'une intoxication par des poissons. Là-dessus, Jacques Goddet, dans un éditorial du journal sportif *l'Équipe*, organisateur du Tour, accuse les pros de s'être dopés. En 1967, Tom Simpson décède sur les pentes du Mont Ventoux, et en 1998, le soigneur Willy Voet de l'équipe Festina est arrêté à la frontière belge par la police qui découvre de nombreux produits dopants dans ses bagages. À la suite de cela, lui, le directeur sportif Bruno Roussel et le médecin de l'équipe Eric Ryckaert, ainsi que plusieurs coureurs, reconnaissent la pratique d'un dopage systématique, ce qui déclenche d'amples contrôles en France et en Italie. Le Tour de France, le sport cycliste lui-même, sont-ils au bout du rouleau maintenant?

«J'estime que le Tour laisse derrière lui le cyclisme normal», déclare Jacques Augendre, historien officiel de la Grande Boucle. Le Tour de France 1999 paraît confirmer cette hypothèse. La capacité de fascination de cette course d'étape est telle qu'elle sortira, une fois de plus, de l'une de ses crises qui reviennent régulièrement. La plupart des banderoles au bord de la route sont toujours dédiées à Virenque, l'ange déchu de la route. La prise de position des foules montre simplement que ce n'est pas la morale sportive olympique qui a fait la grandeur de l'«épreuve reine de la petite reine», mais la singulière synthèse entre l'élément Nature et l'élément Histoire, mère de tous les mythes.

Dans huit heures, les coureurs arriveront sur le plateau de Beille: sous la ligne d'arrivée, un chien joueur; de vigoureux ouvriers montent l'infrastructure du terrain où s'achèvera l'étape.
▶ Départ à l'étape de Pau: Le sponsor Coca-Cola plie bagage.

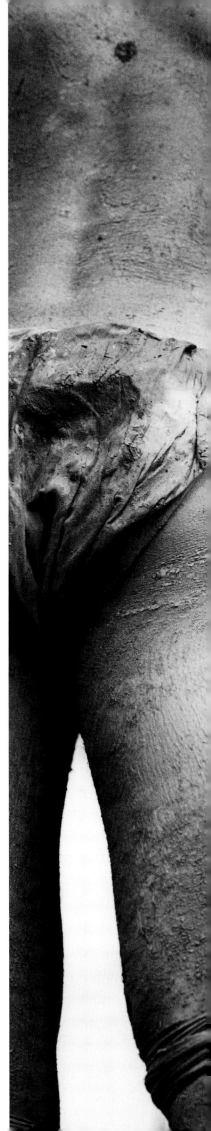

Le Tour-village sert de plateau pour des spectacles de tout genre: Indiens exécutant une danse à Tarascon-sur-Ariège; représentation d'une troupe de théâtre d'avant-garde à Bonneval.
▸ Coutumes locales dans un entourage international: danse traditionnelle dans le Tour-village à Challans.

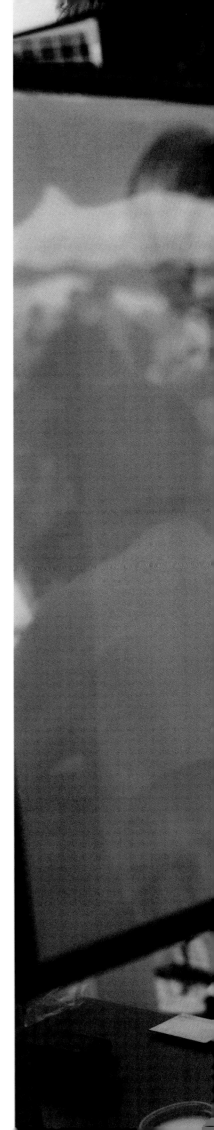

Équipement d'hier, look pour aujourd'hui: Des vétérans du Tour posent à Challans; un coureur chez le coiffeur du Tour-village.
▸ La réclame sert à faire passer le temps: Le show publicitaire du sponsor PMU permet aux spectateurs de se distraire en attendant l'arrivée des coureurs dans la ville-étape à Aix-les-Bains.

La publicité a de nombreux visages – en général, ils sont jeunes, féminins et jolis: Avant le départ de la caravane publicitaire à Challans, quelques hôtesses dansent de joie; à Saint-Étienne, show des dames d'honneur du sponsor PMU.
▶ C'est toujours le leader qu'on demande: Marco Pantani après l'arrivée à Neuchâtel.

Les médias règnent sur le Tour: Jean-Marie Leblanc, directeur du Tour, dans l'interview à Le Puy-du-Fou; la salle de la presse à Bordeaux, centre nerveux de l'information internationale.
▶ Pas de calme avant la tempête! Les coureurs sont assaillis par les photographes de la presse avant le départ à Tarascon-sur-Ariège.

Très demandés, les hommes, très demandées, les dames: Jens Voigt de l'équipe Crédit agricole signe des autographes avant le départ à Moureux; un mannequin attend le moment de jouer son rôle de dame d'honneur sur le plateau de Beille.
▶ La perspective du vainqueur: coup d'œil sur le public assistant à la remise des prix à Saint-Gaudens.

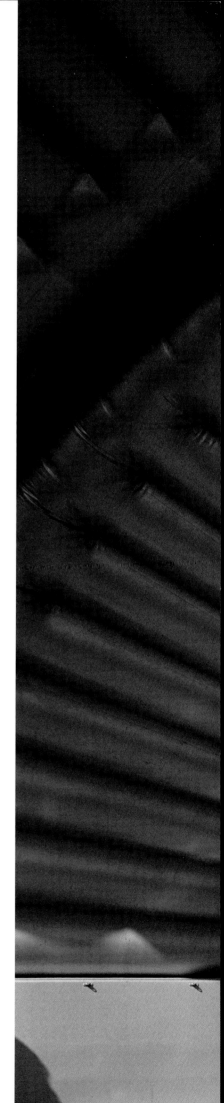

Le geste du vainqueur sur le plateau de Beille, de dos et de face: Marco Pantani portant la tenue de son équipe est vainqueur de l'étape; Jan Ullrich en maillot jaune est (encore) le leader du Tour.

▶ La voix des coureurs: Dans le Tour 1998, après l'étape de grève et de «balade» aboutissant à Aix-les-Bains, Bjarne Riis annonce aux médias que les coureurs poursuivront le Tour le lendemain.

Un regard dans les coulisses

Walter Leibundgut

Le Tour de France n'est pas seulement la course cycliste la plus importante, mais aussi – après les jeux Olympiques et le Championnat du monde du football – le troisième événement sportif du monde par son importance. Les 47 employés de la Société du Tour de France organisent, il est vrai, 18 courses cyclistes au total entre mai et octobre, mais le Tour en est le fleuron et aussi, avec un chiffre d'affaires de 250 millions de francs français, la source de revenus de l'entreprise familiale Amaury.

Chaque année, 15 millions de spectateurs se massent sur le parcours de quelque 3800 kilomètres quand la caravane composée de quatre mille personnes roule durant trois semaines sur les routes de France totalement barrées pour le passage de la Grande Boucle. Les 180 à 200 coureurs en sont, il est vrai, les principaux acteurs sportifs, mais un spectacle impressionnant se déploie tout autour de la course. Dans ce spectacle, les villes-étapes, les sponsors et la caravane publicitaire, bruyante et bigarrée, ainsi qu'un imposant train de médias, ont leur rôle à jouer. Cette manifestation sportive, qui se déplace d'un lieu à l'autre tous les jours sans l'infrastructure fixe de stades, exige des mois de préparation ainsi qu'une logistique étudiée et planifiée dans les moindres détails.

La Société du Tour de France

Dans le bureau directorial de la Société du Tour de France, aménagé dans un building d'Issy-les Moulineaux à la périphérie de Paris, les stores sont baissés. En ce chaud après-midi de juin, Jean-Marie Leblanc (né en 1944) ne se trouve pas au siège de la filiale, sise sur les bords de la Seine et fondée en 1974, d'Amaury Sport Organisations. Le directeur général de la plus grande course cycliste du monde s'est rendu à Lausanne pour une conférence avec le président de l'UCI Hein Verbruggen. Ses 46 collaboratrices et collaborateurs travaillent d'arrache-pied peu avant les trois semaines les plus importantes de l'année. Leur chef n'est pas un spécialiste du marketing comme son prédécesseur direct; en revanche, il connaît le sport cycliste dans toutes ses nuances. Deux fois participant actif au Tour de France (1968 et 1970), journaliste spécialisé et ancien chef du département *Vélo* du journal *l'Équipe*, il est l'homme qu'il faut. Des propositions visant à améliorer l'organisation, devenue un peu poussive sous son prédécesseur Félix Lévitan, le portèrent, en octobre 1988, avec Jean-Pierre Carenso et, quatre ans plus tard, seul en qualité de directeur général, à la tête de la *Société*.

Croissance rapide

Le groupe Amaury ne publie pas de chiffres sur le rendement de l'entreprise, mais la forte position de Jean-Marie Leblanc dans le groupe permet de conclure que le Tour de France apporte une contribution notable aux bénéfices de la SA familiale. Celle-ci génère, avec ses deux piliers *Presse* et *Organisations sportives*, un chiffre d'affaires de 2,5 milliards de francs français par an. Les deux quotidiens *Le Parisien/Aujourd'hui* et le journal sportif *l'Équipe* sont les racines de cette entreprise. La Société a fait monter leur chiffre d'affaires de 60 millions de francs (en 1981) à 250 millions (en 1998) avec des taux de croissance importants (15 pour cent en dernier lieu).

La structure des recettes du Tour de France n'est pas comparable à celle d'autres manifestations sportives du cyclisme. 55 pour cent proviennent des sponsors et de la caravane publicitaire, 34 pour cent de la vente de droits de télévision et 11 pour cent seulement des villes-étapes. Trois groupes de dépenses représentent la majeure partie des charges: les coûts d'organisation de la Société, la logistique (parcours, police, transports, hébergement) et les équipes (prix décernés et frais). Avant l'ère Leblanc, les groupes sportifs avaient à verser une somme forfaitaire pour le départ, somme qui servait à couvrir les frais d'hôtel et l'essence. Maintenant tous les frais sont à la charge de l'organisation, et les équipes prises en considération touchent – en plus de quatre autos – une contribution forfaitaire à leur frais d'un montant de 300 000 francs. Les prix pour le classement à l'étape, le classement général et cinq classements spéciaux correspondent à un peu moins de 12 millions de francs français.

Ruée de la part des lieux d'étape

Dans toutes les régions de France et des pays étrangers limitrophes, des douzaines de localités et des milliers de fans du Tour de France sont déçus parce que leur région n'est pas touchée par la plus grande manifestation sportive du pays ou parce que leur candidature comme lieu d'arrivée de l'étape n'a pas été prise en compte. Des 80 villes et villages qui font leur demande chaque année auprès de Jean-Marie Leblanc, on peut en accepter au maximum 30 par Tour comme lieux d'arrivée ou de départ de l'étape. En vue d'un tel afflux, le parcours ne peut être tracé que sous l'angle exclusivement sportif – ou commercial!

De plus en plus fréquemment, le lieu de départ pour l'étape suivante n'est pas identique au lieu d'arrivée de la veille, et ce jusqu'à 14 fois par circuit depuis le début des années 90. Le Tour de France n'en retire aucun profit supplémentaire, mais tout de même deux avantages: il peut tenir compte des demandes d'autres villes et raccourcir les distances entre les étapes, car les trajets journaliers de plus de 220 kilomètres sont mal vus par les coureurs.

Grande fête pour les localités relativement petites

Cette pratique peut avoir des effets positifs pour certains candidats. Pour être lieu d'arrivée de l'étape et de départ le lendemain, une ville verse 800 000 francs à la Société. À cela s'ajoutent ses propres frais d'organisation qui peuvent se monter à quelques centaines de milliers de francs. Lorsque le lieu d'arrivée et celui du départ sont séparés, les localités relativement petites et économiquement moins fortes peuvent également héberger le Tour de France. La ville d'arrivée verse alors un demi-million de francs français, celle du départ «seulement» 300 000 francs. On sait maintenant que le départ de l'étape est tout aussi intéressant qu'une arrivée – du moins pour la population du lieu, car il s'y passe quelque chose durant au moins trois heures lors de la présentation des coureurs et des divers mouvements du départ. C'est ainsi que le petit village vinicole de Sauternes, non loin de Bordeaux, avec moins de 1000 habitants, a profité de cette occasion pour la promotion de ses produits, alors que les régions touristiques préfèrent l'arrivée pour des raisons médiatiques. Vu cet afflux, il serait facile de vendre aux enchères le droit d'être une ville-étape et d'augmenter ainsi les bénéfices. Mais Jean-Marie Leblanc ne veut pas entendre parler de cela: «Ce n'est pas par tradition, mais par conviction, que nous offrons aussi aux localités relativement petites la possibilité de recevoir le Tour. C'est l'une des raisons pour lesquelles le Tour est aussi populaire.»

«Taxe de protection» pour les villes-étapes étrangères

Le Grand Départ annuel du Tour est particulièrement convoité parce qu'il garantit des activités pour toute une semaine grâce aux préparatifs de départ durant plusieurs jours, à la présentation des équipes, au prologue et aux deux premières étapes qui se déroulent dans la région. En raison de cela, son prix est particulièrement élevé: en dessous de huit millions de francs français, il ne faut pas y songer. Lors du départ à Dublin (1998), le gouvernement irlandais a dû débourser davantage pour rembourser les frais de voyage supplémentaires nécessités par le transfert à la terre ferme.

La liste d'attente des candidats à l'étranger s'est encore allongée. C'est pourquoi le Tour de France a augmenté de 50 pour cent, pour eux, le montant de la licence, qui correspond maintenant à 1,2 millions de francs. Grâce à cette «taxe de protection», les demandes n'émanent plus que de candidats disposant de gros moyens, car leur budget dépasse ainsi facilement deux millions de francs. Les villes-étapes suisses de Fribourg (1997) et de Neuchâtel (1998) eurent à supporter des frais d'un montant total de 550 000 francs suisses.

Au vu de tels montants, il est clair que les clubs et les privés ne présentent plus leur candidature en tant qu'organisateurs. La Société n'accepte plus que des villes ou des départements comme partenaires, même en France. Ceux-là garantissent non seulement le montant de la licence, mais sont aussi des partenaires valables pour les exigences toujours croissantes posées par l'infrastructure et la logistique. Pour l'arrivée, on doit pouvoir disposer de 4000 m² d'espace, pour le départ, de 3500 m².

La crainte du gigantisme

Lors d'une première visite anonyme, le commissaire général Jean-Louis Pages vérifie si les conditions requises pour l'emplacement correspondent bien au dossier présenté. Son rapport est une espèce d'étude de faisabilité qui sert de base aux négociations avec la ville-étape. La maquette standard pour l'aménagement de l'aire d'arrivée, le centre de la presse, les centres de transmission temporaires et la Permanence avec les bureaux d'organisation, cette maquette doit être adoptée, autant que possible, sans changements. Un cahier des charges n'existe pourtant que sous une forme très concise. Pour le départ et l'arrivée, ainsi que pour le centre de la presse, une liste de contrôle avec des plans de situation pour chacun d'eux suffisent. Un tableau montrant la composition de la caravane du Tour, les cartes d'identité usuelles ainsi que les teintes et la signification des raies de couleur qui différencient les autos, voilà tout ce qui existe en matière d'éléments de travail pour les partenaires dans les villes-étapes. Il n'y a pas non plus de paragraphes imprimés en petits caractères, et la plupart d'entre elles apprennent avec le temps seulement ce que la Société attend d'elles: quelque 6000 mètres de barrières, 20 000 litres d'eau, 800 kg de glace et... cinq bouquets de fleurs qui ne doivent pas dépasser 80 centimètres de hauteur.

Jean-Marie Leblanc trouve cette croissance impétueuse un peu inquiétante: «Nous avons tenté d'introduire des restrictions. Résultat: la caravane des médias s'allonge chaque année. Nous avons également dû limiter la caravane publicitaire à 250 véhicules. Mais nous ne voulons pas que, pour des raisons de superficie, nous finissions par ne pouvoir fixer nos arrivées que dans des zones industrielles. Une arrivée sur le Mont Ventoux doit redevenir possible grâce à l'installation dans la vallée d'une partie de l'infrastructure pour la télévision.»

Une mosaïque de mille pièces pour le tracé

Pour les trois commissaires généraux, la pause leur permettant de reprendre leur souffle après l'arrivée du Tour aux Champs-Élysées à Paris est brève. En août déjà, les techniciens de l'organisation du Tour sont de nouveau occupés à choisir le parcours, à faire des reconnaissances et à contacter des postes de police. Jean-Louis Page, leur chef, ancien professeur de géographie, est au service du Tour depuis dix ans. L'ancien commerçant Jean-Paul Loris, responsable des lieux de départ, est venu un peu plus tard, et le Breton Olivier Quéguiner s'est joint à cette équipe il y a quatre ans. Jusqu'à ce que ce trio puisse annoncer au directeur général, début mai, que le tracé est prêt, il faut un processus de plusieurs mois – et pendant ce temps, il faut encore organiser, en «activité accessoire», les douze autres courses gérées chaque année par la Société.

Quand les techniciens construisent le parcours, ils reçoivent quelques directives de la part du directeur général, en plus de l'indication des lieux de départ et d'arrivée des étapes: le Tour roule-t-il ou non dans le sens des aiguilles d'une montre? Quels sont les cols qu'il faut obligatoirement intégrer? Pour quand prévoit-on des courses contre la montre individuelles? On planifie d'abord les parties cruciales du circuit, soit les étapes de montagnes par les cols pyrénéens et alpins, puis les autres tronçons dans l'ordre chronologique.

Une fois que le plan du parcours est tracé sur la carte, on part à deux, parfois avec l'un des trois anciens pros du service sportif, pour des tournées de reconnaissance sur le terrain. Jean-François Pescheux, Philippe Chevallier et Laurent Bezault n'étaient pas des coureurs champions autrefois, mais leur savoir technique et leur compétence professionnelle sont une combinaison idéale pour décider en matière de questions relatives au sport. Ils examinent les passages dans les villes et les villages avec les yeux du coureur, voient des foyers de danger et décident où doivent avoir lieu les sprints intermédiaires pour de l'argent ou des bonifications de temps et où l'on peut installer des postes de ravitaillement. Les

> «En règle générale, 1500 employés du
> service d'ordre entrent en action par jour.
> 12 000 gendarmes et 8000 policiers
> des districts sont ainsi requis chaque année.»

commissaires généraux passent la période de septembre à fin avril en alternant une semaine de reconnaissance avec une semaine de dépouillement au bureau. Pour chaque étape, ils établissent non seulement un rapport, mais aussi des plans détaillés du départ, du parcours et de l'arrivée, des horaires pour la caravane publicitaire, des feuilles de route avec trois vitesses moyennes différentes pour les coureurs ainsi qu'une recommandation pour le transfert de toutes les voitures en dehors de la course. D'un lieu à l'autre, on note les distances exactes, les noms des rues et des carrefours, mais aussi l'emplacement des centaines d'îlots directionnels.

Aide déguisée de la part de l'État

Dans cette phase, les techniciens du Tour rencontrent, au cours de 80 séances, tous les organisateurs d'étapes et les postes de police des départements.

Les résultats de ces conférences constituent les bases des demandes d'autorisation adressées à trois ministères différents. L'un des ceux-là, l'*Équipement,* est le partenaire officiel de l'organisation depuis 1996. Il met en action, pendant la durée du Tour, jusqu'à 4000 collaborateurs pour la préparation du parcours et le placement de 25 000 sacs-poubelles. Avant chaque îlot directionnel, chaque refuge pour piétons et chaque signalisation automatique, des panneaux spéciaux renseignent les coureurs sur le tracé de la route. On pourvoit d'une protection les couvercles d'égout qui pourraient se transformer en pièges pour les pneus étroits des vélos de course. Assez souvent, on renouvelle l'asphalte des routes à gravillons abhorrées. Depuis 1975, le Tour arrive fin juillet aux Champs-Élysées. Pour un dimanche entier, la circulation dans Paris est paralysée. «Ouf!» gémit Olivier Quéringer, «cela, c'est chaque année un accouchement au forceps, qui remplit plusieurs classeurs, ce qui est en partie dû à l'autonomie de la mairie et de la préfecture dans la capitale.»

Policiers et gendarmes

Pour privatiser pendant deux à quatre heures les voies publiques sur lesquelles passe le Tour de France, il faut mobiliser une véritable armée de policiers et de gendarmes. La troupe de dix hommes de la Police nationale ne s'occupe que des incidents communs tels que les accidents de la circulation dans la caravane, les vols ou les déclarations de disparition. Quant aux 45 hommes de l'*Escadron motocycliste de la Garde Républicaine,* l'Organisation du Tour en est particulièrement fière. Cette troupe d'élite, directement placée sous l'autorité du Président de la République, remplit diverses missions en «période normale», dont l'escorte des hautes personnalités en visite officielle. Durant la période du Tour de France, elle assure pendant trois semaines la sécurité du parcours de presque 4000 kilomètres. Dans les montées vers les cols, ses motocyclistes ouvrent un étroit couloir entre les haies enthousiastes des spectateurs, précèdent chaque groupe de coureurs et empêchent les automobiles privées de pénétrer par l'arrière dans la caravane de la course.

Quelque 20 000 policiers, gendarmes et pompiers sont responsables du service de barrage. Ils exercent leur fonction le long du parcours qu'une équipe de jalonneurs autonome a déjà balisé au moyen des flèches frappantes en jaune et blanc. Il faut placer plus de 10 000 de ces panneaux indicateurs, mais quand la course a passé, le service de ramassage en collecte sensiblement moins parce qu'une partie a été emportée comme souvenir par des spectateurs.

Un commissaire général de la direction du Tour coordonne les travaux avec *Monsieur Route du Tour,* le chef de l'Équipement régional. En règle générale, 1500 employés du service d'ordre entrent en action par jour. 12 000 gendarmes et 8000 policiers des districts sont ainsi requis chaque année.

Cela crée de temps à autre des situations grotesques lorsque, par exemple, un gendarme «garde» un petit sentier dans une clairière solitaire ou qu'un policier monte la garde devant une usine depuis longtemps désaffectée. Tout véhicule n'arborant pas l'autocollant TdF officiel, qui s'égarera sur le parcours deux heures avant le passage des coureurs, sera immanquablement arrêté après moins d'un kilomètre et passagèrement retiré de la circulation.

La ruée sur les lits d'hôtel

Les candidatures pour l'arrivée de l'étape sont traitées très confidentiellement par la Société du Tour de France, afin que le plan des étapes ne soit pas connu prématurément. Les communes candidates reçoivent cependant, au début de l'automne, un signe les avertissant qu'elles font partie des quelque 30 lieux d'arrivée ou de départ d'une étape. En août, le plan provisoire des étapes est établi, et l'*Hébergement* réserve, dans tous les lieux d'arrivée prévus et leurs alentours, 750 chambres totalisant environ 1000 lits. Cela représente l'hébergement d'un tiers de la caravane comprenant plus de 3500 personnes. Il est destiné aux équipes, à l'organisation du Tour et à quelques partenaires privilégiés. Tous les autres doivent se procurer eux-mêmes leurs chambres d'hôtel pour le circuit de trois semaines dès la publication du plan des étapes fin octobre. Quelques-uns confient cette tâche à une agence de voyages ou à VSO (Voyages Sport Organisation), maison associée à la *Société*. VSO se trouve toutefois en seconde ligne pour ces réservations, car Pascale Thomas et Pierre-Yves Thouault de la Société ont depuis longtemps réservé tous les hôtels de cette zone à ce moment-là. Les deux connaissent des centaines d'hôtels français de deux à quatre étoiles et ne renoncent à leurs réservations qu'au moment où l'organisation du Tour n'en a plus besoin elle-même.

Supplément de calories

L'Organisation du Tour remet aux novices une brochure très bien illustrée qui fait comprendre même à l'hôtelier expérimenté quelles sont les particularités d'une équipe de coureurs. «C'est le ton qui fait la chanson» est le mot d'ordre de ce bréviaire. L'hôtelier y apprend donc qu'il fait partie du cercle choisi des maisons qui conviennent pour l'hébergement d'une équipe. Il y a de quoi être flatté! Mais les coureurs ne sont pas des hôtes «ordinaires»; les lits jumeaux conviennent très mal pour eux, et non seulement après une pénible étape de montagne. Que la chambre la plus vaste ne soit pas attribuée au chef de l'équipe, mais au soigneur afin qu'il puisse y placer tout ce qu'il lui faut pour les massages – cela ne va pas de soi. Et avec le linge supplémentaire dont on a besoin, l'hôtel pourrait sans peine pourvoir une seconde fois les 15 chambres qu'occupe une équipe.

Spaghetti al dente

Pour la durée du Tour de France, le duo responsable de l'hébergement se multiplie: neuf assistants supplémentaires dotés de tâches spécifiques se donnent à fond. Ces responsables pour l'hébergement, composés de trois fois trois comptables, cuisiniers et intendants mettent en pratique ce que Pascale et Jean-Yves ont préparé. Un intendant et un cuisinier italien forment une équipe qui part de bon matin pour aller voir les hôtels. Chaque équipe en visite cinq à huit. L'intendant fixe le nombre exact des chambres. Quand des coureurs abandonnent, l'équipe a besoin d'un plus petit nombre de lits; si on reçoit des hôtes, il en faut davantage. Il vérifie si la place requise pour le camion-atelier, le bus de l'équipe et six véhicules d'accompagnement existe bien et si les raccordements commandés pour le courant électrique et l'eau à l'usage des mécaniciens ont été effectués.

Pendant ce temps, Giorgio, Giovanni et Massimo s'occupent des cuisiniers français qui, en général, ne savent pas préparer la *pasta* comme les coureurs ont l'habitude de la trouver. Agnès Pierre, autrefois manageuse de l'équipe cycliste Helvetia-La Suisse, puis responsable des hébergements pour le Tour de France, a profité, il y a quelques années, de sa collaboration avec la chaîne hôtelière Accor et a recruté trois cuisiniers italiens. En juillet, ceux-là «transfèrent» leur place de travail habituelle de Bologne, Milan ou Rome dans des cuisines d'hôtel qui changent quotidiennement. Là, ils donnent à leurs collègues des tuyaux sur la manière de préparer une *pasta* savoureuse. Quand l'hôtelier le désire ou quand ils constatent que leurs conseils sont demeurés sans effet, ils cuisinent eux-mêmes. Ils ont même apporté leurs propres casseroles. Ce trio méridional contribue ainsi, à l'arrière-plan, selon la devise «Soignez les détails», au succès de la plus grande course cycliste du monde.

Étoiles et distances

Lorsque l'ancien coureur professionnel Jean-Marie Leblanc devint le directeur du Tour en 1988, il introduisit des réformes qui lui tenaient à cœur: «À l'avenir, les meilleurs hôtels seront réservés au coureurs et non aux fonctionnaires!» Pour l'équipe cycliste, c'est toutefois le nombre d'étoiles qui compte. Le repos nocturne assuré dans de bons lits, assez de place pour les parcs automobiles ainsi que des repas adaptés aux exigences d'un sportif de compétition, même en dehors des heures de repas officiels, comptent plus que la piscine ou le bar de l'hôtel. Les étoiles ont néanmoins un rôle à jouer. Au moyen d'un système spécial, Pascale Thomas assure globalement au cours de trois semaines l'égalité entre les équipes. Pour la durée entière du Tour, on additionne les étoiles de tous les hôtels et les distances entre le but de l'étape et l'hôtel ainsi que celle du retour au lieu de départ de la course. Les périodes de grande circulation (vacances) en France et sur les routes étroites après les arrivées en montagne abrègent les temps de repos quotidiens des coureurs et sont, pour cette raison, des composantes importantes.

Au bout de trois semaines, toutes les équipes devraient totaliser à peu près un nombre égal de kilomètres et d'étoiles hôtelières. Il y a aussi, bien sûr, une combine pour avantager les «grands» groupes sportifs. Ceux qui sont régulièrement hébergés dans des hôtels trois étoiles sont, en règle générale, mieux servis qu'ils ne le seraient en logeant alternativement dans une pension peu confortable puis dans un hôtel quatre étoiles. Et un trajet de retour de 60 kilomètres après une étape pénible s'effectue plus facilement sur une autoroute que d'un col pyrénéen à la prochaine localité dans la vallée.

Visite médicale dans le Centre des Congrès

Dans le Centre des Congrès du lieu de départ du Tour, des flèches indiquent le chemin menant à la «visite médicale». Pourtant, pas un seul coureur, mais des gens habillés en civil se rendent dans cette pièce. Ce sont les employés temporaires de l'Organisation du Tour, qui se soumettent au contrôle médical avant chaque entrée en fonction, contrôle prescrit par la loi. Ces 200 *équipiers* complètent, au fil de la course, l'équipe des 47 employés permanents de la Société. Certains d'entre eux se sont déjà soumis à cet examen auparavant, car ils sont présents de mars à octobre, pour un salaire horaire de 40 francs, en qualité d'auxiliaires temporaires, dans toutes les courses organisées par la Société. Ils construisent et démontent le village-départ et les tribunes d'arrivée, posent des panneaux indicateurs, conduisent les voitures des hôtes ou travaillent dans la Permanence et dans le service de la presse. Ceux qui entrent en contact avec le Tour constatent que l'équipe des auxiliaires doit être sensiblement plus grande. On confie certaines tâches à des maisons spécialisées, le *catering* par exemple, la surveillance des entrées dans le *village*, sur le terrain d'arrivée et dans le centre de la presse, le service des transports et le dépouillement des résultats.

Un imposant parc d'automobiles

Quelque 2500 véhicules circulent au service du Tour de France sur les routes du pays. De grandes semi-remorques et des voitures de livraison faciles à manœuvrer pour le transport de l'infrastructure, d'imposants bus pour les équipes, des camions-ateliers et des voitures d'accompagnement pour les équipes, des exemplaires uniques originaux et des voitures haut-parleur dans la caravane publicitaire. De plus, les voitures de l'Organisation et du jury, quelques centaines d'autos de la presse, la TV et la radio, des douzaines de camions pour la production télévisée ainsi que les motos des escortes policières, des caméramen et des photographes.

Dans l'entrepôt de la Société à Corbeil/Evry au sud de Paris, deux employés s'occupent du matériel pour les installations d'arrivée, de départ et de signalisation. Au même endroit, huit mécaniciens entretiennent, dans un immense garage, les voitures Fiat (plus d'une centaine) de la Société: limousines, voitures de livraison et minibus, que l'Organisation utilise dans toutes ses courses. Fiat renouvelle tous les trois ans l'ensemble du parc d'automobiles. De plus, le fabricant d'autos italien met à disposition, en juillet, 180 véhicules supplémentaires qui retournent à l'usine après le Tour de France. La moitié d'entre eux est destinée aux 20 à 22 équipes sportives et sont décorés aux couleurs de cette équipe, le reste revient à l'Organisation. Le seul transfert de ces voitures aux lieux de départ respectifs dans le Tour exige une préparation digne d'un travail d'état-major.

Offre et demande

Plus de la moitié du budget est couvert par les «partenaires», c'est-à-dire les sponsors et la caravane publicitaire. 15 millions de visiteurs au départ et à l'arrivée ainsi que sur le parcours et des millions de contacts par la télévision sont des arguments massifs. Malgré le montant du budget (250 millions

La caravane du Tour	
Organisation	**487**
Employés TdF permanents	47
Employés temporaires (équipiers)	200
Employés de sous-traitants	150
Escortes policières	45
Polices nationales	10
Jury	20
Médecins/Service de santé	15
Équipes	**440**
20 équipes de 9 coureurs	180
Accompagnateurs d'équipes	260
Partenaires (sponsors)	**300**
Médias	**1910**
Journalistes	800
Photographes/caméramen	330
Techniciens	500
Caravane publicitaire	**700**
Employés	650
Personnel de vente	50
Total (Tour complet)	**3837**
Hôtes	
En moyenne par jour	1000
Service d'ordre	
Gendarmerie/police, pompiers	1500
Total	**6327**

de francs), le nombre des sponsors est inférieur à celui de courses moins importantes, car les 21 partenaires sont prêts à y mettre le prix. Même ceux qui accompagnent le Tour avec quelques voitures dans la caravane publicitaire fournissent une contribution d'au moins un quart de million de francs, sans compter leurs propres dépenses pour des cadeaux publicitaires, pour les voitures, les collaborateurs et les frais.

«Nous savons bien ce que nous coûte notre participation, mais nous ne savons pas ce qu'elle nous rapporte. Nous pouvons toutefois évaluer ce que nous perdrions, si nous n'étions plus de la partie.» C'est ainsi que Michel Delacour résume la présence de la chaîne de magasins Champion qui, grâce au maillot à pois rouge attribué au vainqueur du Prix de la montagne, a acquis un haut degré de notoriété.

> «On ne peut pas acheter la faveur de côtoyer le Tour et ses protagonistes, on peut seulement en jouir grâce à un sponsor ou à l'Organisation du Tour.»

Ils financent le Tour

Le Club (17–20 millions de francs et + par partenaire):

Crédit Lyonnais	principal sponsor, «maillot jaune»
Coca-Cola	vainqueur de l'étape
Fiat	voitures d'accompagnement
Champion	prix de la montagne, «maillot à pois»

Les 7 partenaires officiels (5–6 millions de francs):

AGF	agence d'information/radio-Tour
Astra	liaisons-satellite
Festina	chronométrage
France Telecom	téléphone, internet
Nike	tricots, vêtements
PMU	classement par points
Sodexho	buffet dans le village-départ

Les 10 fournisseurs officiels (2–3 millions de francs):

Cochonou	salamis
Cœur de lion	prix du plus combatif
Elf Antargaz	carburant
Kawasaki	motocyclettes
Hansaplast	service médical
Locatel	appareils de télévision
Maison du café	café
Mavic	voitures d'assistance neutres
Michelin	cartes routières
United Savam	transports

La caravane publicitaire (250 000–350 000 francs)

40 à 50 établissements avec trois voitures publicitaires au minimum (au maximum 250 autos au total)

Partenaire technique/institutionnel

Ministère Équipement, transports et hébergement

Partenaire médias

Télévision France 2/3

«Le Club» n'est pas un club, en fait

Le Club est le nom du groupe formé par les quatre sponsors les plus importants, qui ont le droit de se montrer et se manifester dans tous les domaines. Ils sont tout aussi présents dans le village-départ qu'à l'arrivée, où ils se montrent et se manifestent, mais où ils peuvent aussi offrir des repas à des hôtes ou leur proposer une «vue à vol d'hélicoptère» sur le spectacle de l'arrivée.

L'invitation de ses propres hôtes constitue, pour le principal sponsor, le Crédit Lyonnais, un instrument majeur, car on ne peut pas *acheter* la faveur de côtoyer le Tour et ses protagonistes, on peut seulement en jouir grâce à un sponsor ou à l'Organisation du Tour. Les directions régionales de la Banque peuvent proposer, à cet effet, d'importants décideurs parmi lesquels on choisit les 1200 invités. Les activités du principal sponsor sont multiples. Elles vont du maillot jaune en tant qu'objet de prestige jusqu'à sa participation à la caravane publicitaire. 30 collaborateurs veillent à marquer la présence du sponsor. Ils préparent chaque matin, dans le village-départ, 700 sacs à porter remplis de 4 journaux choisis par le destinataire (journaliste, VIP), journaux parmi lesquels figurent, bien sûr, le quotidien sportif *l'Équipe* et *Le Parisien/Aujourd'hui* de la maison Amaury. Ces activités au cours du Tour même coûtent à la banque, en plus de la contribution à l'organisation (20 millions), cinq millions de francs.

Coca-Cola distribue chaque jour de petites canettes de «Coca», Champion offre par Tour 400 000 cadeaux publicitaires, Astra 700 000 cassettes video et Cœur de lion 100 000 petites portions de camembert. Pour ce producteur de fromage, le Tour de France est le seul contact direct avec les consommateurs, le reste du budget publicitaire étant absorbé par la publicité classique.

L'événement médiatique

Il s'agit d'un rapport mutuel. Pour l'Organisation du Tour, la vente des droits d'émission télévisée est un pilier existentiel. Elle assure un tiers du budget, soit quelque 63 millions de francs. Pour les médias, d'autre part, le Tour est chaque année l'un des événements les plus importants, qui est couvert par des moyens financiers, techniques et personnels inouïs. L'ARD à elle seule met, depuis qu'elle est partenaire du «Team Deutsche Telekom», plus de cent journalistes et techniciens en action. Ses images de la course sont reprises par la Société Française de Production (SFP). Son propre personnel se consacre uniquement aux événements secondaires et, bien entendu, aux coureurs allemands.

Dans l'histoire de la télévision, le Tour de France a occupé de bonne heure déjà une place importante. Les premières images furent produites il y a plus d'un demi-siècle. En 1949, les Français purent suivre, par l'arrivée au Parc des Princes à Paris, la première prise de vue directe télévisée. Aujourd'hui, la SFP propose, pendant la durée du Tour, 130 heures de cyclisme. Pour ce gigantesque programme, 300 techniciens, deux avions, quatre hélicoptères et six motocyclettes sont en action. Les coûts de quelque 90 millions de francs doivent être payants, car 60 chaînes émettrices qui rapportent les événements du Tour dans 165 pays couvrent un besoin évident. Le Tour de France est, aux États-Unis, l'unique course cycliste qui suscite l'intérêt à la télévision, bien que celui-ci ne soit pas aussi vif qu'en France où l'on a mesuré, au 14 juillet 1997, une réception maximale de presque 7 millions de téléspectateurs.

Imposants centres de la presse

La croissance de la caravane des médias est imprévisible. Les médias électroniques, dont l'infrastructure explose, ont leurs lieux de travail sur le terrain même de l'arrivée. Les cabines des commentateurs, autrefois quotidiennement montées et démontées, sont maintenant fixées en permanence sur des semi-remorques et transportées d'un lieu d'arrivée à l'autre. Une grande partie de 4000 m² de l'espace réservé pour l'arrivée est occupée par les techniciens de la radio et les équipes de la TV d'Europe et d'Outre-mer, qui y installent leurs postes de production et d'émission.

Les temps où le centre de la presse trouvait place dans une salle de gymnastique sont révolus. Pour les 500 journalistes des médias imprimés, il faut maintenant des stades couverts ou des halles de marché situés à une distance de l'arrivée pouvant atteindre 10 kilomètres. Là où de tels bâtiments n'existent pas, dans les arrivées en montagne, par exemple, on les remplace par d'immenses tentes de plus de 1000 m² de surface. Mais même avec ces solutions de fortune, le centre de la presse n'est logé directement dans la ville-étape que dans un tiers à peine de toutes les étapes. Ses installations se trouvent en moyenne à plus d'un kilomètre du lieu de l'arrivée. Là, on aménage des lieux de travail avec des raccordements pour le courant ainsi qu'un centre de télécommunication pour la transmission des images et un autre pour les textes.

La caravane des médias dans le Tour

445	titres de presse (quotidiens, journaux professionnels, magazines) dans 27 pays
60	stations de télévision, transmission dans 165 pays
43	radios nationales
59	radios locales
1000	journalistes
330	caméramen/photographes
580	techniciens (radio, TV, télécommunication)

Live n'est pas toujours émission en direct

Le lecteur n'imagine guère le travail du journaliste tel qu'il se déroule durant le Tour. Celui qui ne fait pas partie des rares privilégiés pouvant accompagner directement une étape sur une moto mise à disposition par le service de presse du Tour ne voit souvent pas les coureurs pendant des jours. Le village-départ est le seul lieu où un entretien avec eux soit possible – dans la mesure où ils sortent du bus climatisé de l'équipe avant que les journalistes ne soient obligés de quitter le lieu du départ. Quand un journaliste se rend, de son hôtel souvent éloigné, au départ, il doit se mettre en route de bonne heure, car plusieurs centaines de collègues ont le même objectif: rencontrer le plus de coureurs possible pour obtenir des informations.

Dans certains cas particuliers, les étapes de montagne, par exemple, il faut suivre tout le parcours de la course, mais en règle générale le journaliste fera usage du «parcours alternatif», sur l'autoroute en général, pour arriver aussi vite que possible dans le centre de la presse. Là il suit la course sur internet et à la télévision, se procure des informations auprès de collègues étrangers ou d'officiels et se rend peu avant l'arrivée au lieu de celle-ci quand ce lieu peut être rejoint dans un laps de temps raisonnable. Là, il peut suivre la phase finale sur des écrans avant de tenter de rencontrer un coureur précis dans le tohu-bohu des spectateurs, des officiels et des accompagnateurs. Pour cela, il doit avoir beaucoup de chance, car les rencontres à l'arrivée dépendent du hasard. Seuls le vainqueur de l'étape et le leader du Tour sont tenus d'assister à la conférence de presse officielle. Celle-ci n'a pas lieu dans le centre de la presse, souvent trop éloigné, mais dans le car mobile des interviews, derrière la tribune de remise des prix au lieu de l'arrivée, où, depuis 1994, on transmet l'image des gagnants au cours d'une vidéoconférence dans la salle de la presse.

Emoi dans le service de la presse

Durant le Tour, le service de la presse occupe cinq collaborateurs permanents et 17 équipiers. Ils sont aussi responsables de la Permanence, qui est comparable à la réception d'un hôtel. La Permanence est composée de trois bureaux de 70 m^2 de surface dans un «palais de verre» installé sur une semi-remorque, «palais» qui peut être «débarqué» par air comprimé. Il est ainsi transporté d'un lieu à l'autre. Le service de la presse et des résultats correspond aux exigences des médias pour la qualité et la vitesse de la transmission. 600 000 feuilles de papier pour les résultats, bulletins et informations de tout genre sont imprimées dans le centre d'imprimerie mobile, les résultats à l'arrivée étant transmis online. Les 50 collaborateurs de France Telecom installent quotidiennement 300 raccordements téléphoniques sur le terrain de l'arrivée et dans le centre de la presse. Des problèmes surgissent quand l'infrastructure vient à manquer. Philippe Sudres, chef du service de presse, n'évoque pas avec plaisir le moment où un excavateur a sectionné le câble principal, de sorte qu'aucune ligne internationale n'était disponible. Après une demi-heure, on en a découvert la raison, et l'on a pu de nouveau connecter 15 lignes par quart d'heure. On se souvient aussi de l'émoi provoqué par l'accident du car destiné à la vidéoconférence, qui, «mis hors service» sur la descente de l'Alpe d'Huez par un camping-car, a dû être réparé sommairement du soir au lendemain.

Radio-Tour

Grâce aux transmissions en direct de la télévision et depuis qu'internet est disponible, Radio-Tour, le moyen d'information interne du Tour, a perdu une partie de son importance pour les médias. Radio-Tour est surtout utilisé par les commentateurs TV et les reporters de la radio. Pour les journalistes des médias imprimés, il ne sert plus que de complément. Dans la file des coureurs cependant, il est indispensable, bien que toutes les voitures de l'équipe et celles des hôtes soient équipées de petits appareils de TV. Pour les directeurs sportifs, Radio-Tour est la source d'information la plus rapide. C'est pourquoi on continue à le «bichonner» à grands frais au moyen d'avions servant de stations de relais, entre autres (dans la course, la caravane publicitaire et à l'arrivée).

Le puzzle du Tour de France

Tous ceux qui, d'une manière ou d'une autre (en tant qu'officiel, de directeur sportif, de journaliste et de membre de la caravane publicitaire) accompagnent le Tour depuis des décennies, constatent une tendance invétérée au gigantisme. Mais tous continuent à subir la fascination qu'exerce cette caravane démesurée se déplaçant d'un lieu à l'autre, le montage et le démontage des constructions imposantes du lieu d'arrivée, souvent dans de petites localités ou à la fin de montées où l'on manque de place et d'infrastructure. Et l'on s'étonne de voir que, même dans des régions touristiques peu développées, 4000 personnes trouvent encore un lit quelque part. La collaboration entre les organisateurs et leurs partenaires pour la sécurité du parcours et dans les étapes est un puzzle qui resurgit chaque année. Il procède largement d'une bonne organisation, peu d'une improvisation, mais aussi d'un peu de chance. C'est un puzzle qui commence chaque année dans un nouveau lieu de départ et dont la dernière pièce s'intègre trois semaines plus tard à Paris, sur les Champs-Élysées, dans cette grande image aux multiples couleurs.

L'ÉQUIPE

Les extras de la superstar: Mario Cipollini lors de la cérémonie du matin en l'honneur du vainqueur de l'étape à Avesnes-sur-Helpe; le dispositif particulier sur le guidon du vélo de Cipollini au Puy-du-Fou.
◄ Petit déjeuner d'affaires: Au Grand-Bornand, Claudio Corti, manager de l'équipe Saeco, expose la stratégie pour l'étape du jour.
► L'agent de liaison: Aidé du directeur sportif Guido Bontempi de l'équipe Saeco, Giuseppe Calcaterra monte l'émetteur-récepteur.

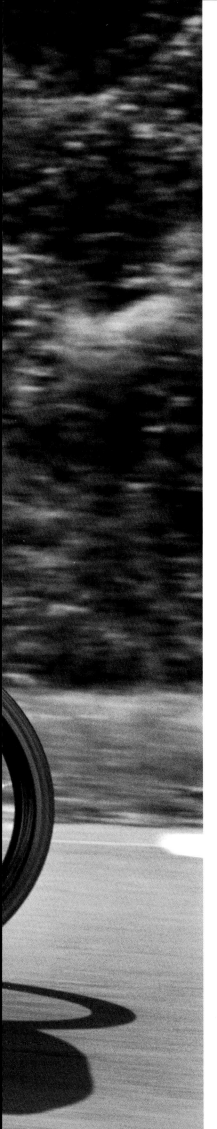

L'équipe Saeco en marche: l'artiste du sprint Mario Cipollini dans une descente avant Thionville; Antonio Salutini, le directeur sportif, peu avant le départ à Nantes; Giuseppe Archetti, le mécanicien, s'accorde un petit somme dans la première voiture de l'équipe.
▶ Le porteur d'eau: Francesco Secchiari va chercher, dans la voiture suiveuse, du ravitaillement en eau pour son équipe.

Récupération pour le corps et l'âme: Dans l'hôtel à Saint-Flour, le masseur Andrea Semenzato pétrit vigoureusement les muscles d'Armin Meier; avant le départ à Nantes, Laurent Dufaux lit le journal *l'Équipe*, la «bible» du cyclisme.

▸ Arrivée au but final: Armin Meier, Laurent Dufaux et Salvatore Commesso, les trois coureurs de l'équipe Saeco qui ont résisté jusqu'au bout, après leur arrivée aux Champs-Élysées à Paris.

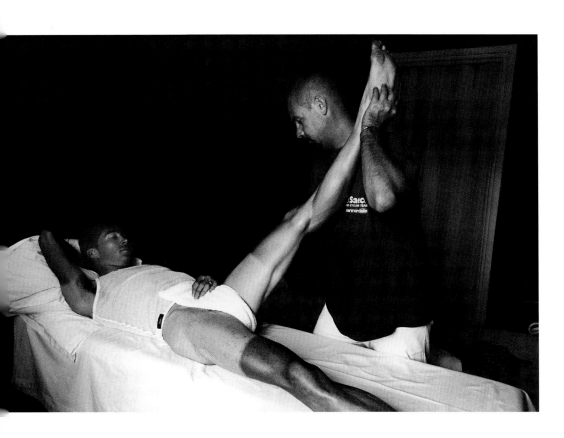

LE TOUR EST EN MA

À travers champs et prés: en route pour Neuchâtel.
◄ Ce n'est pas une promenade du dimanche: le peloton avant Thionville.
► La récompense pour une montée pénible: descente du Col de Tamié.
►► Une piste dans la mer: Le Passage du Fois en Bretagne n'est praticable qu'à marée basse.

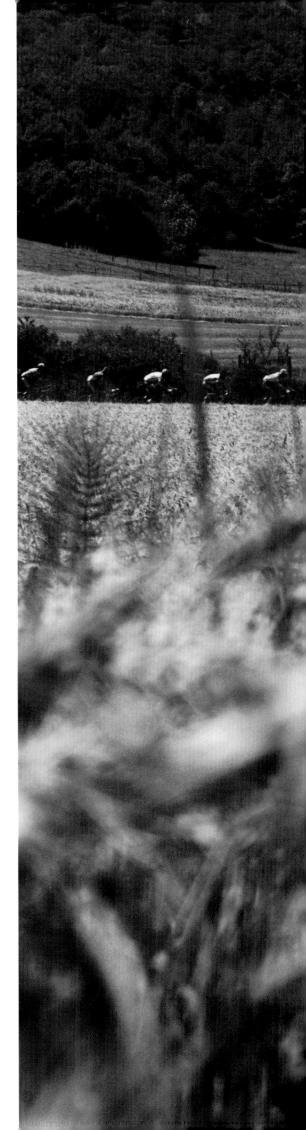

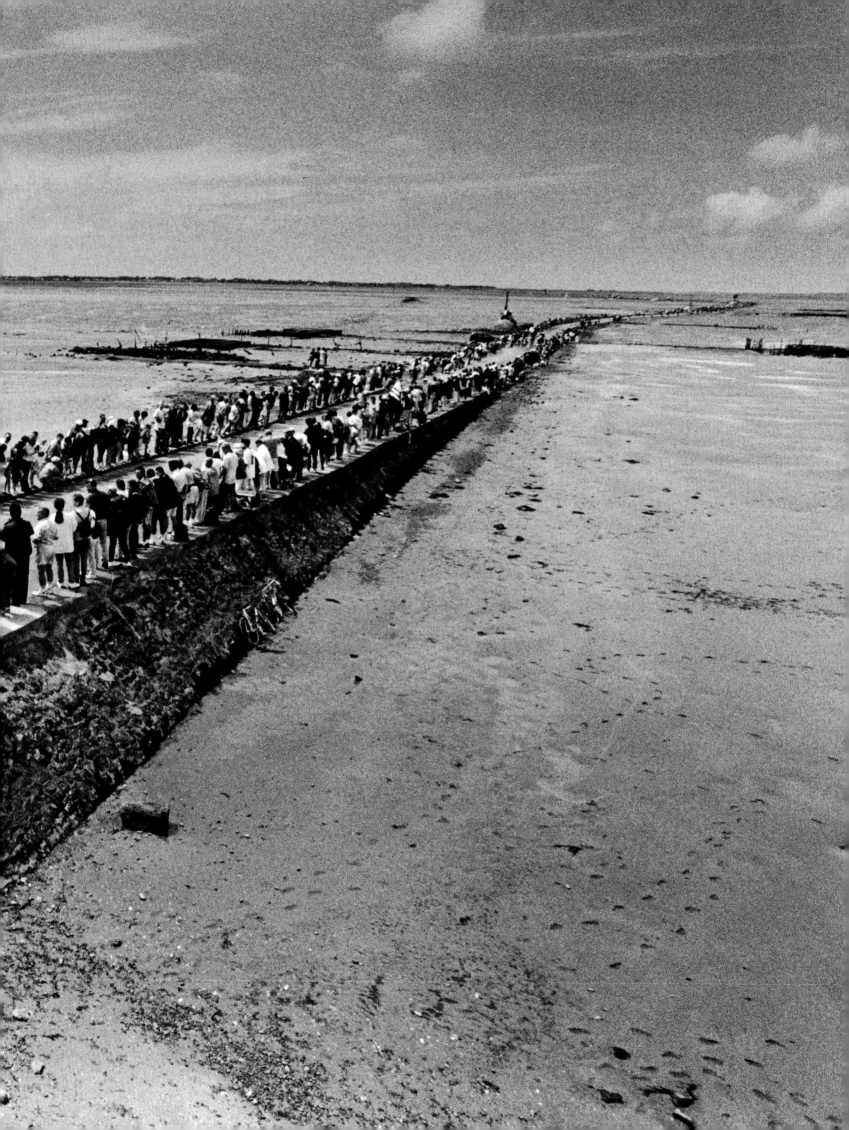

Gigantesque, mais pas en chair et en os : le support publicitaire du sponsor Champion près de Tarascon-sur-Ariège.
▸ Souffrir en public avant le départ déjà : Alex Zülle s'échauffe avant la course contre la montre à Metz.

Vigueur à l'ancienne, technique d'avant-garde : Alberto Elli de l'équipe Deutsche Telekom en course contre la montre au Futuroscope.

Les mordus du Tour: commentaires de gens qui s'y entendent, au café, avant le départ de l'étape à Aix-les-Bains; on attend les favoris de la course à Tarascon.
▸ Le favori en maillot à pois: Richard Virenque, leader du Prix de la montagne, entouré d'admirateurs à Lannemezan.

Pour une fois, les monuments ne sont que des décors: tribune des spectateurs sur la place de la Concorde à Paris; dernier tour de piste près de l'Arc de Triomphe.
▸ À deux pas du triomphe: Lance Armstrong, leader du Tour, en maillot jaune, peu avant le sprint final sur les Champs-Élysées.

Le Tour de France vu par un coureur
Urs Zimmermann

Le Tour est en marche. L'étape entre dans sa phase décisive. Captivé, j'ai les yeux rivés sur le petit écran. Voici qu'apparaît le peloton de tête avec tous les favoris. L'un des coureurs, très décontracté, l'air absent, reste dans la roue de celui qui le précède. Il fait un signe de la main à quelqu'un qui roule dans la file des coureurs se trouvant dans un rond-point. Derrière lui, un autre coureur lutte désespérément pour maintenir son allure. Le caméraman zoome un troisième coureur: le visage de celui-ci apparaît, démesuré, très nettement sur l'image. Il est impassible, comme vidé de toute émotion. On y lit un maximum de concentration et pourtant il n'est pas crispé. Souvent, une légère douleur s'y efface, le reflet d'un bonheur intense y apparaît, de la fierté, puis, de nouveau, brusquement, un air désespérément perdu. Tout se lit sur ce visage.

Les images d'un enregistrement fait il y a treize ans se déroulent devant mes yeux et... ce que je regarde, c'est mon propre visage. Fixé à jamais par le caméraman. Je ne courais pas mon premier Tour de France alors, ni mon dernier, mais mon plus important. Je n'y étais pas un figurant quelconque, mais l'un des acteurs principaux de ce grand théâtre.

Quand, aujourd'hui, je revois ces anciens enregistrements, un sentiment ambigu m'envahit. Que s'est-il vraiment passé alors? Pourquoi me suis-je livré corps et âme, durant des années, au public? Pourquoi me suis-je exposé sans défense aux caméras importunes de la télévision? J'ai été blessé... et peut-être poussé, justement pour cela, à poursuivre.

La colère me saisit, l'envie de m'enfuir bien loin d'ici. Mais je reste cloué là. Je regarde en face le passé et je sens monter en moi une certaine fierté. Oui, je me suis entièrement adonné à la course cycliste jadis. J'étais devenu l'esclave du mythe appelé Tour de France.

Cyclisme fascination

Des personnalités marquantes et leur histoire m'interpellent. Leur cheminement peut être reconstitué dès leur modeste début. Eddy Merckx fut, lui aussi, un petit garçon qui choisissait ses héros.

Courses cyclistes: elles sont le jeu des individus et des groupes, le jeu sans fin, toujours pareil à lui-même, du peloton qui se faufile à travers les villes et les gorges étroites puis, déchiré par le vent, se transforme en une volée d'oiseaux migrateurs ou, sur les pentes abruptes de la montagne, en procession de pèlerins, comme des fourmis cheminant sur leur piste.

À première vue, la technique du vélo de course est banale comparée à la Formule 1 et à la navigation spatiale, mais, à y regarder de plus près, on ne tarde pas à découvrir le noyau de la fascination qui émane du cyclisme. Nulle part ailleurs l'homme et la technique ne se rencontrent aussi directement, ne se complètent, se contredisent, ne se trouvent dans une alternance aussi complexe de physiologie humaine et de mécanique. Le risque fait partie, lui aussi, du cyclisme; ce n'est pourtant pas le risque qui fait les artistes de la descente, mais le passage à un état dans lequel le corps humain domine instinctivement toutes les règles de la physique.

Pour les coureurs, pas besoin de construire un stade artificiel. Le paysage naturel constitue les décors grandioses de la scène, le réseau serré des routes du quotidien devient le plateau du théâtre, sur lequel les meilleurs se produisent sous les regards du monde. Et même si chaque acteur sait que l'honneur et l'argent, qui appâtent, sont pareils au fromage de la souricière, cet acteur se meut néanmoins dans un monde intermédiaire dont il ne peut s'échapper.

Pour tomber sous le charme du Tour de France, il suffit que, petit garçon, on suive, devant le petit écran, une course cycliste ou – et ceci une vue largement répandue – qu'on soit Français. Et celui qui est un adversaire du Tour en est déjà entiché. Le Tour de France est un sort qu'on subit.

Le virus du Tour se transmet de préférence aux coureurs en train de gravir l'échelle du succès, à ceux qui, dans des Tours précédents, ont occupé des places d'honneur ou ont gagné au moins un autre grand circuit complet autour d'un pays. Pour eux, le Giro d'Italia doit faire office d'entraînement à la course, et le Tour de Suisse devient une course d'échauffement d'où ils se retirent sans délai dès qu'il y fait un tout petit peu trop froid. Ceux qui sont contaminés relativisent aisément leurs nombreuses contre-performances en se référant à l'objectif élevé auquel ils subordonnent tout. Et si ces possédés étaient contraints de renoncer, ils resteraient plongés dans un abattement total – et seraient intérieurement déjà dans le Tour de l'année à venir.

J'ai fait partie des «dépendants», moi aussi, et j'avais, moi aussi, préparé mon excuse. Je savais que le Championnat du monde et le Tour d'Espagne étaient le poker des peureux et des perdants.

La porte qui s'ouvre sur le Tour

L'étrange transformation subie par celui qui entre dans le monde nommé Tour de France, je l'avais vécue autrefois déjà. Mais à cette époque, en 1986, je devais maîtriser de plus en plus mes nerfs à mesure que l'événement approchait. Car cette-fois-là, j'étais élu pour un rôle principal. Je me calmais moi-même, me remémorais mes capacités et mes objectifs, je me persuadais que tout cela était normal et je réussis à garder la tête froide durant cette période. Je m'efforçais de me perdre dans de petites choses.

Mais après les contrôles d'entrée et les premières présentations à la presse déjà, tout avait changé. Tout ce qui avait précédé, mais aussi ce qui devait suivre, avait été «soufflé» – par les caméras, les espérances, les angoisses existentielles du directeur sportif, par mes propres aspirations. Tout cela s'était déjà mélangé. Plus moyen de revenir en arrière! Celui qui, ici, ne se donne pas tout entier, ne se met pas à la disposition des innombrables photographes et des caméras, qui ne fait pas face aux mille questions des journalistes, ne peut pas citer un objectif ambitieux, celui-là est perdu. Le directeur du marketing de l'entreprise sponsor se présente aimablement. À présent, le Tour sera le monde entier durant trois semaines.

Et déjà mon corps se raidit sous le poids de toutes ces impressions. Mes nerfs à vif me feront certainement chuter le premier jour déjà si la peur ne me paralyse pas de prime abord et me cloue au podium du départ. Pourquoi ai-je abandonné ma modestie, pourquoi me suis-je embarqué dans cette course, alors que, comme chacun sait, une seconde place est déjà une douloureuse défaite et que seules les places d'honneur du grand podium font exception ici? Comme il serait bon d'être chez moi maintenant – en spectateur! Mais je dois partir, rouler à travers champs et forêts, en pleine campagne. Ce n'est qu'au moment où mon regard scrute l'horizon de cette contrée inconnue que je me sens soulagé. Je suis au but, au but absolu, et là je n'ai rien à perdre. Toutes les autres courses sont un cinéma: c'est ici seulement, au Tour de France, que tout devient terriblement réel. Limites invisibles. Qui donc se rend compte de la différence entre 51 et 52 kilomètres-heure après quatre heures, après des jours et des semaines de lutte sans merci pour la meilleure position dans le peloton? C'est ici qu'on apprend à l'évaluer.

Le coureur se rend au Tour

En 1986 donc, j'ai relevé le plus grand de tous les défis. Le Tour ne demande pas la domination totale du corps (faible) par la volonté (forte), non, il exige, par un rituel qui commence à la fin de l'année au plus tard, quand on formule les résolutions, un dévouement qui va loin. Il faut lire – et comprendre – le Tour.

Le prologue approche déjà, mais mes pensées sont ailleurs. De nouveau je désire renoncer à cette course. Or, en sortant par la porte de derrière, je risque non seulement de perdre mon contrat pour l'année prochaine, mais de mettre en jeu toute ma carrière. À l'intérieur du Tour, on perçoit le moindre sentiment, mais surtout, infailliblement, la peur. Seul celui qui réussit à apparaître inopinément tout à l'avant de la scène, là où les super-caméras d'Antenne 2 tournent pour l'émission, seul celui-là peut être sûr de laisser une trace. Des milliers d'amis l'auront vu, et son souvenir sera conservé à tout jamais dans les archives.

C'est au moment où commence la course que je retrouve enfin mon calme, que je fais confiance au «tapis volant» du peloton. Le programme du jour après l'arrivée au but de l'étape est donné: rentrée à l'hôtel en auto, chambre, massage, repas, téléphoner, dormir, manger. Une fois que l'on a échappé, le lendemain, au remue-ménage du village-départ, la «randonnée» recommence de plus belle, et la course dans le peloton me protège du reste du Tour. Ma tâche consiste à ne jamais m'exposer à un souffle de vent, à éviter les chutes et à ne jamais perdre le contrôle du peloton. Le mot d'ordre donné par le directeur technique pour moi: «Ne pas gagner et ne pas perdre de temps. Gagne la course contre la montre, afin de ne pas perdre une seconde.» Je n'ai pas à me soucier du fait que chaque étape est une course classique; je n'ai pas à prendre part au jeu banal pour la victoire du jour, à la lutte quotidienne pour l'inscription dans le livre éternel. J'entre dans la course et j'attends la course, la véritable course qui ne commence que dans les Alpes. Tous sont déjà plongés corps et âme dans cette lutte ardue, mais moi je suis forcé d'attendre durant des heures, des jours, voire des semaines – et de réfléchir. Dans la Grande Boucle, on court simultanément plusieurs courses totalement différentes entre elles.

Je n'ai perdu qu'une minute. La fatigue des multiples frottements et usures s'est déjà profondément infiltrée dans le peloton. Rien que pour cela, les Pyrénées inspirent partout le respect. Mais la chaleur métaphysique, humide, dont parle tout le monde, me laisse de glace. Un léger mal de tête, on comprend cela et c'est normal. Je résisterai dans les montagnes – ou non. Malgré de premiers problèmes en position assise, je tiens bon. Et lorsque finalement, entre Avignon et Marseille, je deviens un véritable humidificateur, réduit à refaire le plein d'eau, je ne me laisse pas happer par le vent de côté brûlant et je ne me risque pas à tout perdre dans la dernière équipe. Il faut surmonter de violents orages avec de la grêle, des torrents de vingt centimètres de profondeur, des tortures en présence desquelles le souvenir des bruines bien tempérées de la Bretagne est un véritable baume. Mais je ne me laisse pas aller au désespoir par des propos pleurnicheurs. Pour être encore «bon» ici, il faut se taire. Après avoir passé devant le monument du Mont Ventoux, nous nous approchons des grands cols alpins. J'attends patiemment, et même mes plus grands adversaires contribuent à ce qu'une victoire pour moi dans la Grande Boucle soit à portée de vue. Demain, le Tour se jouera enfin sur l'Alpe d'Huez.

L'Alpe d'Huez

Au départ de cette grande course classique, chacun est conscient de ce que cette «Alpe» a d'indescriptible. Les grands veulent gagner ici. Malgré toutes les tentatives, aucun d'eux ne parviendra à se détacher de manière décisive du groupe des favoris. C'est ainsi que même l'approche de l'Alpe d'Huez ressemble à une cérémonie. Les ambitieux qui, sur le trajet extrêmement ardu passant par plusieurs cols alpins, veulent jouer un tour aux règles établies, ces ambitieux veillent à ce que l'étape des Alpes ne devienne jamais une promenade.

Le petit groupe des trente restants quitte enfin le plat pour s'engager dans la montée abrupte où la route serpente en nombreux virages numérotés vers les hauteurs. Qu'a-t-elle de particulier, en fait, cette Alpe d'Huez? Ces numéros seraient-ils l'incitation à pousser au maximum, la raison pour laquelle le Tour sans l'«Alpe» ne serait pas le Tour? Il n'y a pas d'autre explication, car il y a des montagnes plus raides, des montées plus longues, et, surtout, il y a des stations touristiques plus belles dans les Alpes. Les numéros de classement et les différences de temps seraient-ils la raison d'être du sport? Peu à peu, les haies des spectateurs s'épaississent; il

> «Nulle part au monde il n'y a quelqu'un qui soit plus rapide que moi, et s'il existe, je ne tarderai pas à le connaître personnellement.»

faut soigneusement écarter les «gicleurs d'eau» exubérants, mais les favoris dominent toujours impitoyablement le groupe. Presque tous connaissent probablement déjà leur classement sur l'Alpe d'Huez. Seuls les spectateurs l'ignorent.

Les numéros sur les panneaux kilométriques deviennent rapidement plus petits. C'est tranquillisant. Un coup d'œil vers les hauteurs où attendent les grandes foules continue à me rassurer, après les cols franchis jusqu'ici avec succès. Si je vais au bout de moi-même quand je serai tout en haut, cela devrait suffire. En grimpant vers l'Alpe d'Huez avec la certitude d'être enfin un joueur ayant de l'influence, je sens monter en moi un sentiment de grandeur. Nulle part au monde il n'y a quelqu'un qui soit plus rapide que moi, et s'il existe, je ne tarderai pas à le connaître personnellement. J'ai pris conscience d'un sentiment que n'ont peut-être que les élus, nous, les solitaires capables de faire quelque chose mieux que d'autres, mais rien de plus. C'est précisément dans la montée sur l'«Alpe» que se révèle très clairement, pour le coureur, que le Tour n'est pas seulement un spectacle organisé pour les médias, mais un spectacle dont la partie essentielle consiste à attirer des spectateurs pour sa propre production, dans le but de lui donner une apparence d'absolue réalité. Nulle part ailleurs, l'Olympe n'est plus proche qu'ici.

Près du panneau «6 km», les spectateurs qui se pressent vers la route semblent sortir d'un écran de cinéma. Près de «5 km», je roule dans un mur mouvant. À quoi peut-on encore s'accrocher là? Ma froide présomption de tout à l'heure s'est dissipée. Le paysage est devenu un décor de théâtre lointain, sans importance. La réalité de la course m'a rattrapé.

Le public attire à lui, en quelque sorte, chaque athlète, l'engage à se jeter dans ses bras pour le pousser ensuite de toutes ses forces jusqu'au grand but proche. On soutient volontairement le coureur dans sa souffrance et il sent puissamment ici combien ses aspirations sont proches. Il semble que les spectateurs qui, tels un boyau, tracent le chemin à suivre, puisent dans cette grande fête une mystérieuse nourriture. Ceci, c'est le spectacle réel. Ils sont tous sur la scène: les coureurs, les spectateurs, les motos, les caméras de la télévision et l'hélicoptère proche. Ce spectacle est le monde tout entier, et il n'est personne qui n'en soit pas touché. Gare s'il en est un qui n'en soit pas touché!

Puis une constatation surprenante: la déclivité de la route a disparu! Dans le chaos bouillonnant de la fête populaire que j'ai si souvent méprisée, je suis inéluctablement entré en transe. Ou suis-je en train de subir une crise? Rien n'est plus mesurable. Sur quelques kilomètres et pour une durée indéterminée, seuls comptent encore des êtres humains et leur volonté. Je ne sais plus rien de la suite de cette course, peut-être parce que, à ce moment-là, je n'étais plus moi-même. C'est dans la station de montagne seulement que des barrières ménagent enfin des distances, et au dernier virage, très brusque, on en comprend la raison: une chute, des drames.

Je n'ai pas gagné le Tour alors. Pour moi, coincé entre la tête et le peloton, seule une place sur le podium est restée. Le Tour ne se gagne pas sur l'«Alpe».

La communauté des élus

Personne n'a été porté sur les hauts sommets, mais chacun doit en redescendre. Celui qui a enfin traversé la montagne y parviendra. Il pénètre alors dans la grande communauté où tous sont logés à la même enseigne, où le plus faible peut compter sur le soutien de tous, afin que lui aussi arrive jusqu'à la grande ligne d'arrivée. Après l'étape des Alpes, seul un petit nombre de coureurs est encore capable de considérer le Tour comme une course. Toujours est-il que tous les autres font partie de la société choisie qui arrivera à Paris. Ce n'est pas le vainqueur qui crée l'élément irrésistible dans le Tour, mais tous ceux qui arrivent et peuvent continuer à espérer qu'ils feront leur grande représentation en plein cœur de Paris. Chacun, dans le peloton des cent à cent cinquante restants, a souffert et a fourni des efforts surhumains. Ce n'est pourtant pas sur cela que se base leur solidarité, mais sur le chemin qu'ils ont parcouru en commun. Ils sont tous des «randonneurs». Voyager est leur profession et leur destinée, le peloton est leur maison, une maison vivante. Libérés de la pression qu'exerçait la montagne, les prisonniers de la caravane du Tour commencent à se raconter les histoires qu'ils reprocheraient à tous leurs amis. On chante: «Aux Champs-Élysées...», et souvent un coureur fait preuve d'un véritable talent de chanteur. On se dit enfin de quelle région du pays l'on vient et ce qui compte pour chacun dans la vie... à part la course cycliste. Et soudain il est de nouveau important de courir jusqu'au bout du Tour, même si l'on n'est pas un leader. On vénère l'homme en maillot jaune: il est le patron qui a tout sauvé.

Les Champs-Élysées

Je n'ai pas fait partie chaque fois du cercle des élus qui arrivent jusqu'au bout du Tour. Mais tout à la fin de ma carrière, j'y suis parvenu encore une fois. J'ai roulé une dernière fois sur les Champs-Élysées. Malade et infiniment fatigué, dernier du peloton qui s'étirait en longueur, j'ai perdu, dans cette montée minime, centimètre après centimètre, mètre après mètre. J'avais déjà fait mon deuil du dernier vélo et je tombais de plus en plus souvent dans les voitures de la direction du Tour, mais deux millions d'yeux me transperçaient et leur pitié était pour moi le summum de la honte. Le tournant près de l'Arc de Triomphe fut mon salut. Les haies de spectateurs devinrent, grâce aux barrières et à la vitesse énorme à laquelle nous roulions, des murs sans visage. C'est ainsi que je restai, sur cette magnifique avenue bordée d'un million de personnes, seul comme je ne l'avais jamais été. C'est alors que je détournai mon regard. Les applaudissements et les cris de la foule devinrent un vacarme, le souvenir de l'Alpe d'Huez remonta. Dans ce dernier Tour j'ai lutté pour ne pas être seul à devoir traverser l'aire déserte de la place de la Concorde. Celui qui a vaincu les montagnes doit arriver au but dans le peloton. J'ai lutté opiniâtrement comme jamais auparavant. La seule issue permettant de sortir du labyrinthe de cette manière de vivre est notre propre corps.

Coup d'œil dans le présent

Quand, aujourd'hui, je sors à vélo, que je lui laisse libre cours dans la descente en direction du lac, que, faisant confiance à mes capacités, je prends un virage à toute allure, cela me précipite physiquement et profondément dans le passé. Une frontière se rompt, et je me demande si je me suis réellement soustrait à la colossale dynamique du sport cycliste. Plus de dix ans ont passé depuis que j'ai abandonné le monde des courses cyclistes – dix années au cours desquelles je n'ai parfois pas renoncé à la négation totale du sport – et pourtant je suis à nouveau rattrapé par le passé. Le mythe du Tour de France ne vous lâche pas aussi vite que cela. L'attention avec laquelle j'observe ce qui se passe actuellement dans le cyclisme est à l'avenant.

Dans la seconde moitié du XIXe siècle, certains médecins prétendaient que les sportifs étaient des malades ou, du moins, qu'ils étaient dans un état morbide durant la compétition. Plus tard, on affirma que cette maladie exerçait un effet curatif non négligeable. Et si aujourd'hui quelqu'un mettait en doute cette assertion, on le soupçonnerait à bon droit de n'y rien comprendre à la santé humaine. Et pourtant: depuis ses débuts, le sport de compétition se trouve dans une zone de tension où l'on oscille entre la santé et l'automanipulation morbide. Les limites de ce qui est tenu pour sain et normal sont toujours définies dans le domaine du sport de compétition. Considérée sous cet angle, la discussion sur le dopage dans le cyclisme devrait peut-être faire l'objet d'une révision complète.

Sport et société

Le sportif qui montait autrefois à grande altitude, qui s'entraînait dans l'Engadine ou dans les Montagnes-Rocheuses tout en y jouissant de brèves vacances, doit prendre conscience, aujourd'hui, du fait que le principe actif nommé érythropoïétine (Epo) agit de la même manière que l'altitude, et cela même à un prix bien plus modeste que celui de l'in-

«Celui qui a vaincu les montagnes
doit arriver au but dans le peloton.»

dustrie touristique. Le sportif idéaliste est désenchanté, il est devenu l'associé de conseillers médicaux qui agissent en partie sans scrupules et sans conscience. Dorénavant, quelques journées passées dans l'air raréfié sont tout juste encore destinées à justifier rhétoriquement un taux d'hématocrite «légèrement inférieur à 50 pour cent» tel que l'exige le règlement. Partout on consomme avec diligence de l'Epo en doses minimes nécessaires, mais depuis longtemps on qualifie cela de rétablissement et non plus de tromperie. Si les centrifuges dans les valises des coureurs servaient jadis à ne pas faire entièrement de cet acte hasardeur une roulette russe, elles contribuent effectivement, aujourd'hui, à maintenir la limite magique de «50».

Il est indispensable de poursuivre le débat pour clarifier la situation. Mais cette clarification n'a pas eu lieu encore. Pourquoi tout juste nous et pas les autres? Telle est la question que posent presque tous les amateurs du cyclisme. Pourquoi quelques juristes et journalistes chicaniers tentent-ils de détruire notre sport? On sait pourtant qu'on se dope partout, à l'étage des directions comme dans le travail à la pièce. Et l'on a, de tout temps, fait de la recherche et tenté de gagner un avantage au moyen de «panacées» quelconques.

À ce niveau-là, la discussion ne fait pas avancer les choses. La situation actuelle du sport cycliste montre plutôt que, d'une manière générale, le sport et ses institutions se trouvent en face d'une société dans laquelle le corps humain est considéré comme un prestataire qui cherche à se positionner entre une augmentation artificielle de son efficience et une santé naturelle. C'est pour cela que la question ne doit pas être «50 ou davantage», mais: «Les valeurs limites du règlement sur le dopage créeront-elles réellement un retour à la normalité?»

Combien j'aimerais être capable de résoudre, au-delà des simples notions de «bien et mal», l'énorme problème qu'implique le terme de dopage. Les chercheurs qui se penchent sur le problème humain, médical et juridique posé par le sport pourraient acquérir de profondes connaissances sur la société de notre temps, et les expériences de millions de sportifs pourraient lui en montrer le chemin, si seulement ils se décidaient à prendre position et s'ils étaient peut-être même capables de reconnaître leurs fautes.

Légendes

Quelques années après la fin de ma carrière sportive, Felice Gimondi, vainqueur du Tour 1967 et champion du monde de 1973, m'a dit, lors d'un entretien confidentiel: «Il n'y a plus de véritables coureurs.»

«Ce bonhomme me provoque», ai-je immédiatement pensé. «Ce héros vieillissant glorifie son temps et se glorifie soi-même; il ne veut pas apprécier à leur juste valeur les performances indubitablement beaucoup plus importantes des coureurs cyclistes modernes, au nombre desquels je me compte tout juste encore. Gimondi aurait-il un problème?»

Le lendemain déjà, j'étais convaincu que Gimondi m'avait tendu la main et me saluait devant le portail du noble palais dans lequel se logent les anciennes légendes.

Entre-temps je me suis rendu compte qu'alors c'était un observateur perspicace qui avait parlé, un observateur qui avait découvert que le cyclisme s'est transformé d'une façon presque inaperçue. Jadis, la course était une lutte entre l'homme et la nature – peut-être aussi entre des nations. Le coureur cycliste pénétrait avec l'énergie du désespoir dans des vallées à peine habitées. Il était un héros et un chercheur pour sa propre cause. Mais, dans l'intervalle, les montagnes ont été conquises jusque dans leurs derniers recoins. L'émotion, la grande volonté, qui soutenaient autrefois le coureur, ainsi que cet étrange souffle de noblesse qui lui était propre, tout cela est en grand danger, et avec ces valeurs, l'être humain lui-même. La science, qui continue inéluctablement à se différencier, modifie la manière de penser et bientôt la nature même d'une manière de vivre et d'agir qui existait jadis. C'est cela sans doute que Gimondi avait voulu dire.

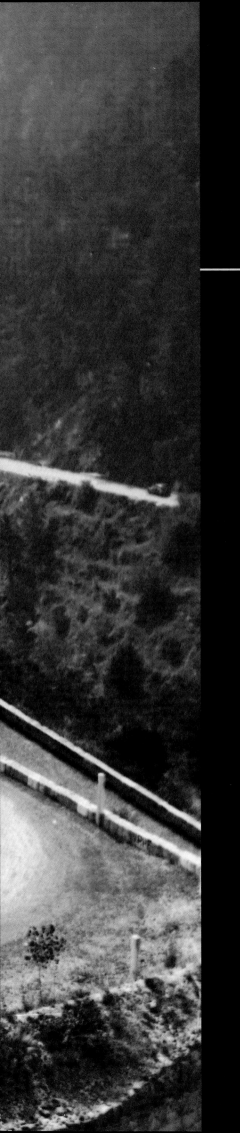

L'HISTOIRE DU TOUR DE FRANCE

OURS, EMPOISONNEURS ET GLADIATEURS

Sepp Renggli

Le Tour de France ne porte pas qu'un seul nom. Pour les Français, il est «Le Tour» tout court ou «La Grande Boucle»; pour les Allemands, il est «Die grosse Schleife», et pour les retardataires qui s'essoufflent sur le Galibier, il est tout bonnement «La Galère». Suants, haletants, ils bougonnent qu'on n'infligerait pas une telle torture à une bête. Erik Ryckaert, ancien médecin d'équipe de Festina, disait en 1998, avant le scandale du doping encore: «Après une étape de montagne, le coureur est épuisé à tel point qu'il est malade au sens médical du terme. Son métabolisme tout entier est déstabilisé; il est privé de toutes sortes de substances que son organisme est hors d'état de remplacer dans les délais utiles. Dans cette situation, tout coureur a droit à une assistance médicale.»

Le Tour de France, open-air le plus spectaculaire d'Europe, est le père de tous les circuits autour d'un pays. Ce n'est que six ans après son lancement qu'il fut suivi du Giro d'Italia. Le Tour de Suisse vint en 1933, la Vuelta a España en 1935. Tout ce qui figure dans les règlements des courses par étapes fut expérimenté pour la première fois sur les routes de France.

Double page précédente:
Descente du Col de Braus, 13e étape du Tour de France 1938, Cannes-Digne.

Le passé historique: 1er juillet, 03.00 heures. 60 hommes partent à Villeneuve St-Georges près de Paris pour la première étape du premier Tour de France.

Sept coureurs seulement réussirent en une même année le doublé Giro d'Italia – Tour de France, et deux seulement (Eddy Merckx en 1974 et Stephen Roche en 1987) remportèrent en une même année le Hattrick Giro, le Tour de France et le Championnat du monde sur route. Jacques Anquetil, Eddy Merckx, Bernard Hinault et Miguel Indurain furent cinq fois vainqueurs de la compétition cycliste la plus dure, Indurain seul la gagna cinq fois d'affilée. Mais c'est Eddy Merckx qui trône au sommet de «l'éternel classement» avec 34 victoires d'étapes. Dans la faveur du public pourtant, il est nettement surpassé par Raymond Poulidor. Poupou est monté huit fois sur le podium à Paris, trois fois à droite, cinq fois à gauche, jamais au milieu. Quand il lançait ses attaques, parfois irréfléchies, sur le maillot jaune, la France tout entière s'escrimait en pensée avec lui. Jamais le moment de renverser le gouvernement du pays n'aurait été plus propice: personne n'en aurait pris note...

Le premier porteur du maillot jaune créé en 1919, de la tunique d'or du Tour, fut Eugène Christophe, un géant du cyclisme de la vieille école. Les Italiens ne voulurent pas être en reste, bien sûr. Ils instituèrent, eux aussi, un maillot pour le leader de leur circuit et optèrent pour le rose. Ce choix ne fut pas du goût de Benito Mussolini, alors dictateur du pays. À son avis, le rose était une teinte tendre, seyant plutôt à des dessous féminins provocants qu'à de mâles coureurs cyclistes. La couleur préférée du Duce était le noir. Mais le rose a survécu au noir et à Mussolini. Tout comme le Tour de France a survécu au dernier Kaiser. En 1910, 87 ans avant que le premier Allemand ne gagne le Tour de France, l'empereur d'Allemagne avait interdit, pour des raisons politiques, l'entrée de la course des courses dans son Reich, bien que, jadis, c'est en Allemagne que la bicyclette eût appris à rouler. En 1818, le gouvernement badois avait breveté la draisienne de Carl Friedrich Ludwig Christian, baron Drais von Sauerbronn, de l'«homme qui avait appris aux roues à bouger plus vite». En 1997, Jan Ullrich, l'homme qui avait fait rouler les roues plus vite que les autres, fut vainqueur à Paris. Longue avait été l'attente des Allemands. Jusqu'en 1985, les vainqueurs du Tour étaient venus de France, de Belgique, d'Italie, de Hollande, d'Espagne, du Luxembourg et de Suisse. En 1987, Greg LeMond, citoyen des États-Unis, fit irruption dans la phalange européenne. En 1987, ce fut l'Irlandais Stephen Roche. En 1996, le Danemark pénétra dans le cercle fermé des vainqueurs avec Bjarne Riis, en 1997, l'Allemagne avec Jan Ullrich. Mais 181 États indépendants attendent toujours leur premier triomphateur dans le Tour de France.

Le Tour est pour la France ce qu'est Wimbledon pour l'Angleterre. Jacques Anquetil, Louison Bobet, Raymond Poulidor et Bernard Hinault lui doivent leur titre de Chevalier de la Légion d'honneur. En fait, le Tour mériterait, lui aussi, une distinction décernée par le Ministère de l'Éducation nationale pour le cours de géographie pratique qu'il donne chaque été en juillet et août. Grâce à la Grande Boucle, de nombreux Européens connaissent mieux la géographie de la France que celle de leur propre pays. Pour des centaines de milliers de personnes, le Tour a situé des montagnes telles que le Tourmalet, le Galibier, l'Izoard et le Mont Ventoux sur la carte géographique.

Pour commencer, une guerre dans la presse

À Paris, en 1903, la presse est en guerre. Henri Desgrange, né le 31 janvier 1865, a établi, le 11 mai 1893, le premier record du monde officiel de l'heure à bicyclette avec 35,325 kilomètres sur la piste Paris-Buffalo. Depuis 1900, il dirige le journal sportif l'Auto-Vélo. Son grand concurrent, propriétaire du Petit Journal et du journal Le Vélo, se nomme Pierre Griffard. Les deux rivalisent farouchement pour gagner des lecteurs. Avantage Griffard: il organise la course cycliste Bordeaux-Paris de 500 kilomètres, qui fait doubler d'un coup le tirage de ses feuilles. De plus, une ordonnance de justice

Henri Desgrange (1865–1940), le «père» du Tour de France (1903–1936).

oblige Desgrange à changer le titre l'Auto-Vélo en l'Auto pour éviter les confusions, ce qui dépite Henri Desgrange et son collaborateur Geo Lefèvre âgé de 26 ans. Alors que Desgrange écrit des éditoriaux mordants, Lefèvre jure vengeance à ce désagréable rival et concocte un projet audacieux qu'il soumet à Desgrange. On ne possède aucun procès-verbal de l'entretien qui a suivi dans le

L'HISTOIRE DU TOUR DE FRANCE

Arrivée au but en 1905: Louis Trousselier (en haut), dit «Trou-trou», gagna ce Tour et, jusqu'au début de la Première Guerre mondiale, 13 étapes. Hippolyte «le terrible» Aucouturier (en bas) posa cinq fois, en 1903 et 1905, en tant que vainqueur d'étape.

bureau de Desgrange, 10, rue du Faubourg, mais Lefèvre pourrait avoir dit: «Nous n'allons pas nous laisser décourager par Griffard. Surclassons-le par un projet plus important encore qui couvrira la France tout entière. Au lieu d'une course d'un seul jour de Bordeaux à Paris, organisons une compétition de plusieurs semaines à travers la France. Nous en remplirons notre journal durant des jours et des jours.»

D'abord sceptique, Desgrange se laisse gagner par l'enthousiasme de son assistant. Il discute cette proposition avec Victor Goddet, responsable des finances du journal et père de Jacques Goddet, futur successeur de Desgrange. Peut-être pense-t-il déjà à l'avenir de son fils lorsqu'il ouvre non sans hésiter, pour le Tour de France, les caisses de l'Auto qui, certes, ne sont pas pleines à craquer.

Le 20 mai 1903, Desgrange vante, dans l'Auto, le Tour de France comme un événement prometteur de profits pour tous les participants. Sur une distance de 2400 kilomètres, avec des arrêts intermédiaires et des nuitées à Lyon, Marseille, Toulouse, Bordeaux et Nantes, il y a 20 000 francs à gagner. 3000 francs attendent le vainqueur. Les cinquante premiers au classement général touchent cinq francs par jour. Durée de la course, journées de repos comprises, du 1er au 19 juillet.

Cette annonce ne suscite qu'un faible écho, mais des commentaires railleurs de la part de Pierre Griffard. 27 intrépides seulement se font inscrire jusqu'au 30 mai. Insuffisant, tant sous l'angle sportif que sous l'aspect financier. Les droits de participation se montent à 10 francs, on n'aurait encaissé que 270 francs. De plus, Desgrange veut éviter de se ridiculiser par l'arrivée à Paris d'une demi-douzaine de bonshommes seulement (après l'abandon prévisible de participants non qualifiés). C'est pourquoi le rédacteur en chef réédite, le 5 juin, son appel à cette grande aventure sportive, 26 jours avant le départ prévu, disant que les concurrents sont assurés de ne dépenser pas plus d'argent en route que s'ils restent chez eux. Les hôteliers leur accorderont des prix de faveur, car ils ont compris que, pour eux, l'hébergement des coureurs sera à la fois un honneur et une publicité. Avec 10 francs de droits de participation, on pourra gagner 20 000 francs. Une chambre d'hôtel avantageuse coûte alors un franc.

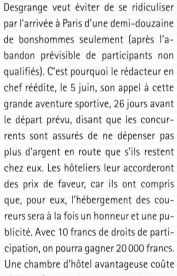

Ce second appel est entendu. 85 participants s'inscrivent. «S'il y en a moins, cela comptera davantage», se dit Desgrange en pensant sans doute aux problèmes d'organisation que poserait un peloton de 85 coureurs. Il biffe donc tous les retardataires et décide de faire partir 60 coureurs.

L'actif étant assuré, il s'agit maintenant de mobiliser les passifs. Dans l'Auto du 1er juillet 1903, l'éditorialiste Desgrange lance un appel enflammé au public: «Du geste large et puissant que Zola, dans La Terre, donne à son laboureur, l'Auto, journal d'idées et d'action, va lancer à travers la France d'aujourd'hui les inconscients et rudes semeurs d'énergie que sont les grands routiers professionnels.» Et il poursuit que, sur 2400 kilomètres, ils rencontreront des nonchalants émerveillés au bord de la route, qui auront honte de leur indolence et seront réveillés par la force et l'énergie indomptable de ces hommes hors du commun.

En fait, seuls quelques centaines de ces «nonchalants» assistent au départ pour la première étape du premier Tour de France: parents et amis des «rudes semeurs d'énergie», riverains arrachés à leur sommeil et noctambules. Car la grande course commence le 1er juillet à Villeneuve St-Georges près de Paris, devant l'auberge à l'enseigne significative de Réveille-Matin, dans un départ camouflé par la nuit, vers 03.00 heures du matin!

Aujourd'hui, le Tour de France ne doit plus se cacher. Depuis ce dixième jour de l'été dans la troisième année du XXe siècle, le chemin a été long et souvent cahoteux. Parti de l'auberge Réveil-Matin, il a conduit jusqu'à la Lune presque. En 1903, les hommes qui pédalaient laborieusement étaient suivis par quelques voitures motorisées puantes et toussan-

L'HISTOIRE DU TOUR DE FRANCE

Contrôle au temps jadis: un commissaire de la course imprime un tampon sur la main de Paul Duboc (à gauche). Ce Rouennais, excellent grimpeur, fut privé de sa victoire au classement général par une boisson empoisonnée en 1911. Maurice Garin, le premier vainqueur du Tour, avec le plus jeune de ses fans (à droite). Le petit ramoneur triompha en 1903 avec 169 minutes d'avance sur Lucien Pothier.

tes. Mais Geo Lefèvre ne leur fait pas confiance et se rend en chemin de fer d'une étape à l'autre pour être sûr d'arriver au but à temps. Des témoins affirment qu'il y était toujours avant les premiers coureurs. Lefèvre n'est pas seulement reporter, mais aussi chef de course, juge à l'arrivée et chef de cantonnement, alors que le chef du Tour Henri Desgrange suit de loin les événements et écrit ses articles de fond dans la rue du Faubourg sur la base de coups de téléphone donnés par des factions postées sur les parcours.

Le ramoneur devenu millionnaire

Au fil des décennies, la caravane prend de l'extension. Elle comprend maintenant 200 professionnels, 3500 accompagnateurs, 1200 autos, trois douzaines de poids lourds et une armada de motocyclettes. 60 stations de TV diffusent des images dans 165 pays. 15 millions de personnes attendent au bord de la route les colonnes d'affichage mobiles, cinq millions de téléspectateurs suivent chaque jour le Tour de France sur le petit écran. Hollywood ne pourrait faire mieux en matière de show. Les décors en Provence semblent être peints par Cézanne. En Bretagne, le vent désarçonne presque les coureurs. Les Alpes sont badigeonnées de blanc par la neige fraîche. Dans le Midi, la fournaise évoque l'antichambre de l'enfer. Le dernier acte se déroule dans le passé glorieux de la France, devant les décors les plus somptueux de France, aux Champs-Élysées, de la place de la Concorde à la place de l'Étoile, avec l'Arc de Triomphe comme tribune d'honneur et la tour Eiffel comme badaud.

Le vainqueur d'aujourd'hui est millionnaire, le vainqueur de 1903 était ramoneur. *Le petit ramoneur* Maurice Garin gagne alors avec 169 minutes d'avance sur Lucien Pothier, mais les grands quotidiens ignorent l'événement. Henri Desgrange est déçu, d'autant plus que le tirage de *l'Auto* reste modeste, à la grande joie du concurrent Griffard.

En dépit de cela, Desgrange se hasarde à faire la seconde édition. Garin triomphe de nouveau, mais dans la statistique, c'est Henri Cornet qui figure au premier rang. Âgé de vingt ans, il entrera dans les annales du Tour comme vainqueur le plus jeune de tous les temps. Cornet a profité de la disqualification des quatre premiers. Maurice Garin, Lucien Pothier, César Garin et Hyppolite Aucouturier semblent avoir fait des trajets assez importants dans le train. D'autres se sont fait remorquer par des autos. Près de Saint-Étienne, la police a dû faire usage d'armes à feu pour sauver de la mort Maurice Garin matraqué avec des gourdins (il a soufflé la victoire d'étape au favori local Francis Faure). De tels incidents fournissent la matière de toute sorte d'histoires. Mais mieux avoir de mauvaises nouvelles que pas de nouvelles du tout. Elles font monter le degré de notoriété de la jeune entreprise et procurent de nouveaux lecteurs à *l'Auto*. C'est pourquoi Desgrange n'est nullement malheureux lorsque des ennemis du Tour parsèment de clous la route du Tour en 1905, provoquant des crevaisons en séries. Un festin pour la presse qui se complaît à tout rapporter, de sorte que tout le monde parle du Tour! Dire que Desgrange a organisé lui-même ce sabotage est une infâme calomnie.

Mais il ne peut pas se priver de lancer une autre provocation. Bon patriote, Desgrange ne s'est jamais entièrement consolé du fait que la France avait dû céder l'Alsace-Lorraine à l'Allemagne après la guerre franco-allemande de 1871. C'est peut-être pour cela qu'il intègre, de 1906 à 1909, la région jadis française à gauche du Rhin dans le parcours de son Tour. Metz, alors ancienne ville de garnison lorraine, est alors ville-étape. Sur le Ballon d'Alsace, point culminant des Vosges, une plaque commémorative rappelle le souvenir de René Pottier, premier *roi de la montagne* et vainqueur du Tour en 1906. Il devient, lui, le héros tragique de cette époque. «Pour des raisons sentimentales», selon le chroniqueur, Pottier se pend, en 1907, dans la fabrique de bicyclettes dont il a porté les couleurs à la victoire six mois auparavant.

Le veto du Kaiser

Parce que, pour la première fois depuis 1871, on affiche des panneaux rédigés en français, parce que la population lor-

L'HISTOIRE DU TOUR DE FRANCE

raine salue avec enthousiasme les coureurs venus de France, parce que quelques spectateurs chantent la Marseillaise et que la société de musique de Metz entonne *Le régiment de Sambre-et-Meuse*, le dernier empereur d'Allemagne ferme sa frontière au Tour de France en 1910. Guillaume II est mort en 1941, le Tour, lui, vit toujours, et l'Alsace-Lorraine est de nouveau française. Quant à Desgrange, il ne perd pas son temps à s'affliger, mais s'empresse de remplacer le Ballon d'Alsace de 1247 m d'altitude par les cols abrupts des Pyrénées. Vaincre à bicyclette ce paysage montagneux encore sauvage était, à l'époque, une entreprise presque aussi téméraire que l'expédition de Fridtjof Nansen dans le Grœnland du Sud. Pour réduire les fatigues et vaincre les craintes des coureurs en vue des chemins cahoteux sur les cols de Peyresourde, d'Aspin, du Tourmalet et d'Aubisque, tout comme des ours les guettant dans les forêts, Desgrange accorde un jour de repos à la caravane après chaque étape. En dépit de cela, le taux des abandons est élevé. Beaucoup de coureurs poussent leur vélo dans les montées, seuls les plus endurants restent en selle pour vaincre

Le premier roi des Pyrénées fut Octave Lapize, toujours coiffé avec soin et appelé «le frisé» pour cette raison. Ce fils d'ouvrier de 21 ans habitant Rouen gagna les deux étapes des Pyrénées ainsi que le Tour 1910.

les sentiers des chèvres, à leur tête, exemple éclatant, le Parisien Octave Lapize, 21 ans, appelé *le frisé* en raison de sa coiffure toujours impeccable. Il gagne les deux étapes pyrénéennes et prend la première place, devant 41 athlètes arrivés comme lui à Paris et fêtés comme des héros par la foule. 69 hommes se sont perdus quelque part en route. Aucun d'eux n'a été dévoré par les ours. C'est la pompe à vélo qui devait servir d'arme défensive contre les agresseurs éventuels... Depuis la traversée des Pyrénées, le Ballon d'Alsace, jusque-là point culminant du Tour, passe pour une innocente «montagne pour s'exercer au sprint». Cette gradation ne satisfait toutefois pas le «sadisme de Monsieur Desgrange» (ainsi persiflé par certains contemporains). Il veut davantage, il veut monter plus haut, traverser les Alpes. C'est le Col du Galibier, 2645 m d'altitude, qui est au programme en 1911. Vaincu pour la première fois par le Français Émile Georget, 30 ans. Avec son frère Léon, il a gagné les *Six Jours* européens à Toulouse en 1906 et marquera, cinq ans plus tard, un autre jalon dans l'histoire du sport cycliste entre des murs de neige de plus d'un mètre de haut – quel contraste! – sur une petite route sommairement déblayée. Mais cette performance hors du commun de celui qui occupera plus tard le troisième rang au Tour de France suscite moins d'intérêt dans le public que les événements dans les Pyrénées avec la «vedette» Paul Duboc. Ce gagnant du Tour au classement général, originaire de Rouen, laisse tous ses concurrents derrière lui au Tourmalet. Son seul adversaire réel est la soif. Le quidam (présumé bien intentionné) censé l'empêcher de mourir de soif se trouve au bord du chemin et lui tend une boisson fraîche. Le Tourmalet est surmonté, voici le Col d'Aubisque. Le meilleur coureur de l'époque attaque ce nouvel obstacle. Mais au premier virage, il s'affaisse, comme frappé par la foudre, sur le bord de la route. Empoisonné! Le contenu de la bouteille dégage une odeur pestilentielle. Tourmenté par de violentes crampes d'estomac, Duboc poursuit néanmoins sa course et atteint Bayonne en dernier, bien loin derrière les autres. À Rouen,

Le Galibier 1934: descendre du vélo et retourner la roue arrière! Dans ce domaine, le Tour de France ne fut pas pionnier. On n'y autorisa le dérailleur qu'en 1937. Jusque-là, on se débrouilla au moyen de différentes couronnes sur les deux côtés de la roue.

1912: Pesage des géants au but, après 5229 km de course (distance moyenne de l'étape: 348,6 km). Des 131 au départ, 41 arrivèrent jusqu'à Paris.

l'indignation est grande: on est convaincu que le héros local a été empoisonné sciemment par la concurrence. Les supporters de Duboc jurent vengeance au nouveau leader du Tour, Gustave Garrigou, innocent bénéficiaire de cet acte infâme. Les représailles sont prévues pour la traversée de Rouen par le Tour. Mais Desgrange, directeur de la course, a eu vent de la chose et empêche le lynchage. Il fait repeindre le vélo de course de l'innocent Garrigou, change son maillot et masque le coureur au moyen de lunettes noires. Lorsque les fans de Duboc, munis de toutes sortes de projectiles, cherchent à repérer Garrigou, celui-ci a depuis longtemps quitté la ville et pédale vers sa victoire bien loin devant la victime de l'attentat au poison.

L'HISTOIRE DU TOUR DE FRANCE

Le Belge Philippe Thijs (ou Thys, en haut), vainqueur en 1913, 1914 et 1920. Ce record se maintint durant 35 ans. Louison Bobet l'égala en 1955. Eugène Christophe (en bas) photographié en 1965, quarante ans après son dernier Tour et cinq ans avant sa mort, fut le premier à porter le maillot jaune en 1919.

Cricri et le garçon qui actionna le soufflet de forge

Le Tour de France a enfanté des «géants de la route» tels que Duboc. Ou tels qu'Eugène Christophe en 1913, *Cricri* pour les Français. Il franchit le sommet du Tourmalet avec 18 minutes d'avance sur le favori belge Philippe Thijs et semble proche de la victoire. Mais la fourche de son vélo flanche et se brise dans la descente du Tourmalet. Sans hésiter, Cricri épaule sa bécane et court jusqu'au village pyrénéen de Sainte-Marie-de Campan, à 14 kilomètres de là, où il répare sa fourche sur l'enclume de la forge locale avec un marteau, pendant qu'un garçon actionne l'indispensable soufflet. L'ouvrage terminé, Cricri poursuit sa course avec quatre heures de retard. Henri Desgrange le journaliste vante le haut fait de Cricri avec force superlatifs et grosses lettres dans son journal, mais Henri Desgrange le directeur de course pénalise Christophe d'une minute pour infraction au paragraphe 2, article 45 du règlement, qui interdit l'aide d'autrui lors de réparations (garçon au soufflet!). Philippe Thijs est vainqueur du Tour, mais Eugène Christophe, septième au classement général, entre dans les annales du sport français. À Sainte-Marie-de Campan, une plaque commémorative rappelle la mémoire de ce petit homme à la grande moustache.

Des coureurs tels que Duboc et Christophe contribuent à faire monter la popularité du Tour, mais les adversaires ne restent pas inactifs. Certaines autorités locales flairent de bonnes affaires. Là où la vitesse maximale est de 5 kilomètres-heure pour les véhicules, des policiers se cachent parfois derrière des maisons ou des haies pour verbaliser les chauffeurs des voitures accompagnatrices qui «foncent» à dix kilomètres ou davantage à travers les villages.

Philippe Thijs quant à lui prouve qu'il n'a pas été un vainqueur indigne en 1913 malgré la fourche cassée de Christophe. Il remporte deux autres triomphes en 1914 et 1920 et est ainsi le premier athlète à réaliser le hattrick. Parmi ses rivaux les plus dangereux en compétition, on compte les trois frères Pélissier qui deviennent des héros en France entre 1912 et 1935 grâce à de remarquables performances, des records, des cabrioles et des campagnes de protestation. Ces fils de paysan de Passy, dans la banlieue parisienne alors encore rurale, font pendant des années la une des journaux. Henri, né le 12 janvier 1889, tué d'un coup de feu par sa compagne le 1er mai 1935 après une querelle, est un rebelle toute sa vie durant. Il accomplit huit fois les épreuves du Tour, est second en 1914, premier en 1923 devant Ottavio Bottecchia et abandonne six fois. Francis se met sans conditions au service de son frère Henri (de 5 ans son aîné) qu'il adore, et obtient plus tard des succès en qualité de directeur sportif de Jacques Anquetil, Ferdy Kübler et Hugo Koblet. Charles, le benjamin, cimente un record pour l'éternité. Ce roi du sprint gagne huit étapes en 1930 et est sept fois numéro 2 au classement.

Lorsque quelque chose ne convient pas aux Pélissiers, ils retournent traire les

Neutralisation dans la ville portuaire de Sète au bord de la Méditerranée, en 1931.

vaches dans la ferme paternelle. En 1954, par exemple. Il fait frais de bon matin. Henri Pélissier endosse deux maillots. Quand le soleil se met à chauffer, Henri se débarrasse d'un des maillots et le jette au bord de la route. «Interdit, cela!», déclare un fonctionnaire qui l'observe et le pénalise de deux minutes. Henri et Francis se plaignent de cet «esclavage», fournissant ainsi à un journaliste français bien connu le sujet d'un essai intitulé *Forçats de la route*, qui trouve un large écho. Furieux, les deux «forçats» quittent la caravane et font ainsi sensation dans tout le pays. Eh oui! Quand on s'appelle Pélissier, on ne serre pas les poings dans ses poches!

Après le désistement fracassant du vainqueur de l'année précédente et de son paladin, la voie est libre pour la première victoire d'un Italien dans le Tour. Ottavio Bottecchia a fait son service durant la Première Guerre mondiale comme tireur d'élite auprès des cyclistes militaires de l'armée italienne et obtient la licence de

L'HISTOIRE DU TOUR DE FRANCE

professionnel à 27 ans seulement, en 1922. Mais il rattrape rapidement les hauts et les bas ratés: second au Tour de France en 1923, vainqueur en 1924 et 1925, abandon en 1926, départ irrévocable en 1927. Il a 32 ans lorsqu'on le trouve, cette année-là, au bord de la route dans le Frioul avec une grave blessure à la tête, blessure à laquelle il succombe quelques jours plus tard. On rapporte alors que cet antifachiste a été victime d'un attentat. Mais 21 ans plus tard, un paysan avoue sur son lit de mort qu'il a assommé Bottecchia dans sa colère parce que celui-ci voulait chiper quelques raisins dans sa vigne lors d'une course d'entraînement.

L'envoi à choix – jaune – de Paris

Après la Première Guerre mondiale, le Tour de France roule sur des routes mal entretenues et cahoteuses. En 1919, seuls onze des 69 coureurs ayant pris le départ arrivent au but à Paris. En revanche, la course a pris des couleurs. Eugène Christophe, qui a 34 ans à présent, n'est plus *Cricri* pour les Français, mais *Le vieux Gaulois*. Il est le premier à porter le maillot jaune. Henri Desgrange crée ce dernier en plein Tour. Il veut rendre le leader reconnaissable par la foule au bord de la route. Il téléphone donc à

Ottavio Bottecchia fut le premier Italien à gagner le Tour en 1924. Doublé en 1925. Il meurt deux ans plus tard des suites d'une blessure faite par un paysan en colère.

Paris pour commander un envoi à choix de maillots dans des teintes aussi voyantes que possible. Le colis arrive le 19 juillet 1919 dans la ville-étape de Grenoble. Décevante, cette collection! Desgrange n'y voit que du jaune, partout du jaune. De toute évidence, la France de l'après-guerre ne dispose pas d'un choix suffisant de teintures. Faute de mieux, le rédacteur en chef de *l'Auto* se décide pour le jaune le plus lumineux. Mais depuis lors, la légende disant que le rédacteur en chef de *l'Auto* a choisi le jaune parce que son journal était imprimé sur du papier jaune, est restée tenace. Par contre, personne ne met en doute l'histoire numéro 2 des malheurs d'Eugène Christophe. Il part en maillot jaune pour l'avant-dernière étape et perd sa première place au profit d'un Belge – de nouveau! – et de nouveau à cause d'une fourche cassée.

L'histoire et les histoires du Tour de France remplissent des bibliothèques. Aucun autre événement sportif en Europe n'a été traité par des écrivains, des essayistes, des chroniqueurs et des auteurs satiriques aussi éminents. Ernest Hemingway a décrit le *Tortour*, Kurt Tucholsky a pris la plume, Tristan Bernard s'est fait reporter du sport cycliste. Jamais ils n'ont eu à craindre de voir tarir la source de leurs articles et sujets. Des fanatiques ont arraché des concurrents indésirés à leur vélo. Des coureurs se sont mutinés. Des managers ont administré de la cocaïne et d'autres stimulants. Des spectateurs ont semé des clous. Des paysans ont bloqué les routes. Des saboteurs ont entamé à la scie les guidons et les cadres de favoris «ennemis». Des cuisiniers d'hôtels soudoyés ont mélangé des laxatifs aux mets. Des conspirateurs ont versé du poison dans le bidon des rivaux. Des pharmaciens et des médecins ont cherché à remplacer par de l'alchimie les forces défaillantes. Des héros de la route

ont fini «dans le ruisseau». Des géants sont devenus des nains. La mort a voyagé de compagnie. Joies et peines se côtoient dans le Tour de France. Souvent, le rire tarit les larmes. En 1928, le Luxembourgeois Nicolas Frantz se saisit, après une panne irréparable, d'un vélo de dame qui se trouve juste là, perd 28 minutes jusqu'au but de l'étape, et gagne tout de même, pour la seconde fois consécutive, le Tour de France.

La victoire de Pélissier en 1923 est suivie, jusqu'en 1929, de six succès étrangers, ce qui ne gonfle pas précisément le tirage de *l'Auto*. Pour mettre fin à cette série négative, Desgrange modifie le règlement. Au lieu de mettre le Tour 1930 au concours pour les marques de bicyclettes, il le fait pour des équipes natio-

En 1924 dans le «Café de la Gare» à Coutances. Henri et Francis Pélissier se rebellèrent une fois de plus. Chicanés par un fonctionnaire, ils quittèrent la caravane avec leur fidèle compagnon Maurice Ville (en haut). Sans les bonifications nouvellement introduites par le règlement, le Berlinois Kurt Stöpel (en bas, à droite sur l'image) aurait peut-être été premier et non second au Tour 1932. André Leducq récolta, pour chacune de ses six victoires d'étape, quatre minutes de bonification. Son avance sur Stöpel à Paris: 24 minutes, 3 secondes.

L'HISTOIRE DU TOUR DE FRANCE

nales. Huit Français, autant d'Italiens, de Belges et d'Allemands, tout comme neuf équipes régionales françaises, ont le droit de prendre le départ. L'effet escompté se produit. La France livre cinq fois d'affilée le vainqueur, ce à quoi même Kurt Stöpel ne peut rien changer. Il est le premier Allemand à porter le maillot jaune (pendant une journée seulement il est vrai) et finit deuxième au Tour. 64 années passent alors avant qu'un Allemand, Jan Ullrich, ne monte de nouveau sur le podium à Paris.

Puisque les recettes s'amenuisent en raison de la renonciation (chauvine) aux équipes de marque, Desgrange cherche de nouvelles sources de fonds. Il s'adresse aux cercles économiques et invente la caravane publicitaire. Celle-ci trouve immédiatement un écho favorable auprès des milieux publicitaires tout comme des spectateurs et contribue ainsi à financer la course.

Sport, politique et scandale

En 1930, le «roi du sprint» Charles Pélissier gagne huit étapes à l'emballage, mais les véritables favoris du public, les grimpeurs, sont plus ou moins défavorisés en fin de compte. C'est pourquoi Desgrange introduit pour eux, en 1933, le *Grand Prix de la montagne*. Le premier vainqueur en est l'Espagnol Vicente Trueba. Mais, de l'avis des spectateurs français, la lutte pour le titre de *Roi de la montagne* n'est véritablement lancé qu'en 1934. C'est un jeune homme de 20 ans nommé René Vietto qui en est le «promoteur». Ce Méridional français est liftier dans un hôtel de luxe à Cannes jusqu'en 1932. Deux ans plus tard, il monte sans ascenseur, irrésistiblement, en solo, montrant à tous – amis et ennemis – sa roue arrière. Les Pyrénées et les Alpes semblent être d'innocentes collines pour lui. Les commentateurs fouillent les dictionnaires pour trouver des superlatifs qui apprécient dûment les performances de Vietto. Malheureusement, ce «novice» ne peut pas agir à sa guise. Pour des raisons de tactique de marque, il doit souvent attendre son chef Antonin Magne, de dix ans son aîné. Le «roi René» se lancera bien encore six fois dans la course, attaquera encore six fois d'un pied léger les géants du Tour, mais ne parviendra jamais à conquérir plus qu'une place honorable (deuxième en 1939). La faiblesse de Vietto dans la course contre la montre empêche le triomphe total du coureur cycliste le plus populaire de l'époque.

En 1936, le Tour de France roule sans Italiens. Benito Mussolini interdit les relations sportives avec tous les pays qui ont pris des sanctions contre l'Italie en raison de la guerre d'Abyssinie. Le peloton décimé facilite alors sans nul doute la décision d'Henri Desgrange de prendre sa retraite. À 71 ans, il passe le flambeau au fils de celui qui, en 1903, a ouvert la caisse de *l'Auto* pour la grande aventure. Jacques Goddet profitera pendant plus de trois décennies de la prévoyance de son père Victor. La lutte contre le *Petit Journal* et *le Vélo* s'achèvera dans une victoire par K. o. pour *l'Auto*. Le tirage de ce dernier grimpe, de 50 000 en 1903, à presque un million en 1936. Le monument élevé en 1949 sur le Galibier honore Henri Desgrange qui a révolutionné le sport cycliste. L'un des premiers actes administratifs du nouveau chef facilite

Repas dans la petite ville de Dinan avant la grande étape jusqu'à Brest, 1931 (en haut à gauche). Grande toilette à Caen, sous la surveillance du fonctionnaire fumant sa pipe, 1937 (en haut à droite). Roger Lapébie, vainqueur du Tour 1957, était toujours en tête du peloton (au milieu). Le 13 ne porte pas forcément malheur: le Français Antonin Magne (en bas) champion du monde 1936, vainqueur au Tour de France en 1931 et 1934.

L'HISTOIRE DU TOUR DE FRANCE

alors la tâche des pédaleurs: il autorise enfin le changement de braquet. Les Italiens, revenus en France en 1937, ne sont pas les derniers à se réjouir de cette innovation, car Gino Bartali, âgé de 23 ans, est le grand favori du Tour. Mais le rêve de la première victoire italienne depuis douze ans s'achève dans le fossé bordant la route. Bartali, la jeune star, fait une chute et cède son rôle à Silvère Maes, défenseur du titre. Cela n'arrange pas du tout les Français qui revendiquent le maillot jaune pour l'un des leurs, pour Roger Lapébie surtout. Des fans aveuglés poussent leur idole mètre après mètre dans la montée jusqu'au Tourmalet. Grâce à cette «stratégie élévatrice», Lapébie se rapproche davantage du Flamand, d'autant plus que Maes encaisse une pénalisation de 15 secondes pour avoir prétendument roulé dans le sillage d'une auto. Il est vrai que Lapébie doit, lui aussi, payer pour ses montées relativement aisées: 1 minute et demie sur la totalité du temps. Les Belges parlent d'une «récompense», les Français d'un «scandale». Les interprétations divergentes aboutissent à des voies de fait contre l'équipe nationale belge. Les partisans de Lapébie bombardent les hommes en maillot noir-jaune-rouge de tomates, d'œufs pourris et d'autres projectiles un peu moins tendres. La réaction des coureurs concernés et touchés aboutit à un éclat. Nous ne roulerons pas un mètre de plus, déclarent les Belges qui rendent leurs vélos de course à l'organisateur, car les bicyclettes sont la propriété de ce dernier. Celui-ci équipe, à cette époque, tous les participants avec des roues identiques, seuls le guidon et la selle peuvent être apportés par les coureurs. C'est ainsi que les Belges entreprennent alors leur retour sans maillot jaune, mais munis de guidons et de selles. Ils sont accueillis chez eux comme des martyrs. Il serait exagéré d'affirmer qu'en 1937 le sport ait contribué à renforcer l'amitié franco-belge! Quant à Roger Lapébie, la bête noire de Bruxelles, il arrive sans problèmes premier à Paris, suivi de l'Italien Mario Vicini et du Lucernois Leo Amberg, auquel la Suisse doit sa première place sur le podium. Les Français ont donc enfin récupéré leur vainqueur. Les Belges, eux, jurent leurs grands dieux qu'ils ne participeront plus jamais au Tour de

Silvère Maes en 1939 après sa seconde victoire au Tour sur le tour d'honneur, en maillot jaune avec l'emblème du sponsor Uni Sport (en haut à gauche). Défilé dans le port de pêche de Sète, 1932, (en haut à droite). 30e Tour, 7e étape: l'Espagnol Federico Ezquerra tout seul en direction de Grenoble (en bas à gauche). «Le roi René», René Vietto, favori des Français, roi de la montagne 1934, 15 ans plus tard lors de sa sixième tentative (sans succès) de gagner tout de même le Tour (en bas à droite).

L'HISTOIRE DU TOUR DE FRANCE

Le petit Breton Jean Robic, dit «Biquet» (en haut à gauche), excellent grimpeur, gagna en tout six étapes et le Tour grâce à un coup de théâtre sur le dernier tronçon. En 1950, Gino Bartali (au milieu) triompha à St-Gaudens. Son compatriote Fiorenzo Magni (à droite sur l'image) conquit en même temps le maillot du leader. Sa joie fut brève. Bartali se sentit menacé par des fanatiques français et rentra chez lui le soir même avec tous les Italiens. Un «autre Bartali» (en bas à droite), douze ans plus tôt, rayonnant et fêté lors de sa première victoire dans le Tour, au Parc des Princes à Paris, 1938. Louison Bobet, félicité par son épouse (en haut à droite) fut le premier à réussir trois victoires d'affilée: 1953/54/55.

France. «Plus jamais» durera onze mois! Car en 1938 ils peinent de nouveau sur les routes de France, s'ébahissent de voir l'Italien Gino Bartali, 24 ans, les déclasser dans les montées. Les représentants des médias font, de ce catholique très pratiquant venu de la Toscane, le «meilleur coureur cycliste de tous les temps», bien que la fin de tous les temps ne soit pas encore à portée de vue. Bartali remercie Dieu et pose son bouquet de vainqueur sur l'autel de Notre-Dame. Le pape Pie XI remercie, lui aussi, et accorde au quatrième *campionissimo* du sport cycliste italien une audience privée. Les prédécesseurs du *campionissimo* sont Costante Girardengo, Alfredo Binda et Learco Guerra. Le cinquième dans cette catégorie spéciale d'as italiens du sport cycliste sera Fausto Coppi.

En 1939, l'ascète Bartali, baptisé entre-temps *le moine* par ses collègues, paraît imbattable. Mais Mussolini et Hitler en décident autrement. Les puissances de l'Axe – Allemagne et Italie – ainsi que l'Espagne boycottent le Tour, et cette fois-ci la France n'a rien à objecter contre le Belge Silvère Maes, dominant. Longtemps René Vietto tient le coup (après trois opérations du genou), mais c'est justement dans les Alpes, où il est devenu le «roi René» cinq ans auparavant, sur le Col d'Izoard (2360 m d'alt.) qu'il craque. «Pas pour toujours, je reviendrai», promet le coureur déçu à ses compatriotes.

«L'Auto» devient «l'Équipe»

L'été suivant, Vietto ne peut pas, malheureusement, tenir sa promesse. La Seconde Guerre mondiale impose une pause de huit ans au Tour de France. Après cet arrêt forcé, bien des choses ont changé par rapport à 1939. Comme tous les journaux parisiens, *l'Auto* est contraint de changer son nom. Puisque le rédacteur en chef Jacques Goddet peut pratiquement continuer à travailler avec toute son équipe, il donne le nom *l'Équipe* au journal qui succède à *l'Auto*. Avec *Le Parisien libéré*, il organise le premier Tour de France de l'après-guerre. De nouveau, leur protagoniste se nomme René Vietto. Le fait que l'Italien Pierre Brambilla, temporairement domicilié en Suisse, ravisse à Vietto le maillot jaune trois jours avant la fin du Tour, blesse violemment la fierté nationale des Français. Mais en conjuguant les forces, on peut réparer les dégâts. À 140 kilomètres de Paris, dans une montée plutôt anodine, le petit Breton Jean Robic attaque. Tous les Français contrôlent le peloton. Robic s'échappe, et les Italiens n'entreprennent rien pour aider Brambilla, l'élément étranger dans leur *squadra*. On parle de «magouille». Finalement, la tristesse causée en France par la défaite de Vietto fait place à la joie mitigée suscitée par le succès controversé de Robic. *Biquet* sera le seul vainqueur du Tour de France à ne porter le maillot jaune que sur le tour d'honneur. Toléré par la supériorité numérique française, il aura enfreint la règle tacite selon laquelle on n'attaque plus le leader sur le dernier tronçon. La France applaudira cette «victoire achetée», et Brambilla s'en prendra aux «traîtres».

L'HISTOIRE DU TOUR DE FRANCE

Tour 1950: Ferdy Kübler (en haut) jette les bases du premier triomphe suisse dans les Alpes et dans les deux courses contre la montre. L'homme à la craie note à Lyon, après une lutte contre la montre sur 98 km, 6 minutes d'avance en faveur de Kübler sur Stan Ockers, second du Tour (en bas).

En 1948, dix ans après sa première victoire dans le Tour, le *moine* Bartali ou *Gino le pieux* est doté d'un autre surnom: *il vecchio*. Mais *le vieux* est encore assez jeune pour gagner sept étapes et, pour la seconde fois, le circuit final. Celui qui veut d'abord l'en empêcher est Louison Bobet, 23 ans, de Saint-Méen le Grand. Mais sur le Col de Porte, non loin de Grenoble, le vieux s'échappe, laissant derrière lui le jeune – sans retour! Bobet, déprimé, retombe au quatrième rang pendant que Bartali prend encore, jusqu'à Paris, 26 minutes au Belge Brik Schotte, classé deuxième.

Mais il en faut davantage pour satisfaire l'appétit de Bartali. Il tente, en 1949, d'accomplir ce que personne n'a réussi à faire depuis 29 ans, depuis Philippe Thijs: être triple vainqueur au Tour de France. Il y serait sans doute arrivé sans son compatriote Fausto Coppi, de cinq ans son cadet. La nation cycliste italienne est alors divisée en deux camps: les bartalistes et les coppistes. Ceux qui honorent le pape crient *«forza Bartali»*, alors que les partisans de Coppi se recrutent en majorité parmi les moins pratiquants. Alfredo Binda, le directeur sportif, n'est pas à envier. Doit-il miser sur Coppi ou sur Bartali? Habile diplomate, Binda parvient à faire signer un pacte de non-agression à durée limitée par les deux rivaux. Une moitié de la *squadra* travaillera pour Bartali, l'autre pour Coppi. Cette situation profite d'abord à la concurrence. Au pied des Pyrénées, Bartali-Coppi lanternent d'abord derrière le maillot jaune. La chute de Coppi dans la cinquième étape désamorce apparemment le conflit. Champ libre pour Bartali? Pas d'accord, l'ambitieux Coppi! Il rattrape minute après minute, mais s'en tient tout de même à la trêve. Il ne s'en considère dégagé qu'au moment où Bartali, dans la descente du Petit Saint-Bernard, attend la voiture d'assistance avec un pneu avant à plat. Le reste n'est que triomphe. Trajet triomphal jusqu'à Aoste. Triomphe d'étape dans l'enclave italienne du Tour de France, triomphe à Paris, onze minutes devant Bartali. Le nouveau *campionissimo* a définitivement détrôné l'ancien. Et les reporters s'emparent de nouveau de la formule du «meilleur coureur de tous les temps». De tous les temps? Eddy Merckx a quatre ans en 1949.

Bartali fâché, Zaaf assoiffé

En 1950, le Tour démarre sans favoris. Coppi a fait une chute grave au cours du Giro et souffre d'une fracture du bassin. C'est pourquoi l'Italie, qui a le droit de faire courir deux équipes, compte pour la cinquième fois sur l'indestructible Bartali et pour la seconde fois sur le bon rouleur Fiorenzo Magni. Bartali est *capo di squadra* et jouit pourtant – vitupèrent certains journalistes français – de l'aide non autorisée des *cadetti*. Le bourrage de crâne anti-Bartali de la presse excite la populace et l'incite à la violence. Lorsque, à l'Aspin, Bartali touche par mégarde Robic qui chute, des spectateurs se mettent en colère et le maltraitent avec les poings et des bâtons. Robic poursuit sa course et Bartali gagne l'étape à St-Gaudens. Là Fiorenzo Magni endosse en même temps le maillot jaune – pour quelques minutes seulement. Car Bartali tourne le dos aux organisateurs, refuse de faire le tour d'honneur, donne l'ordre de «faire les valises» et rentre le soir même chez lui avec tous les Italiens. Le Tour roule maintenant sans maillot jaune, car Ferdy Kübler, classé second, refuse d'endosser ce maillot qui lui est tombé du ciel sans lutte; il veut le conquérir. Et il le conquerra! *L'aigle d'Adliswil* (une

Fausto Coppi: trois départs, deux victoires, 19 jours en jaune. Son ennemi juré, Gino Bartali, réussit huit départs, deux victoires et 20 jours en jaune.

commune du canton de Zurich) démoralise dans les Alpes Louison Bobet, le chouchou des Français, gagne trois étapes (dont les deux courses contre la montre) et tient à distance respectueuse Stan Ockers, le coureur qui roule obstinément «dans la roue» d'un autre. Le premier vainqueur suisse du Tour de France s'appellera dorénavant *Ferdy national* dans son pays. L'antipode de Kübler dans ce Tour est Abdelkadr Zaaf. Cette «lanterne rouge» s'est proposé de dominer dans l'étape Perpignan-Nîmes. L'Algérien s'échappe après le départ et ne tarde pas à pédaler avec un quart d'heure d'avance sur le peloton qui somnole sous la chaleur. Tenaillé par la soif, il réquisitionne deux bouteilles de vin blanc dans un café bordant la route, les vide presque d'un trait et se relance dans la galère. Lorsque la fatigue le terrasse, il s'offre – vu sa grande avance – une trêve... qui se prolonge au delà de ses prévisions. Abdelkadr s'endort et ne se réveille qu'au bout d'un grand laps de

L'HISTOIRE DU TOUR DE FRANCE

Hennes Junkermann (en haut à gauche) aurait eu le potentiel pour gagner le Tour. Mais ce coureur de Krefeld (Allemagne) manquait de confiance en soi et de coéquipiers efficients: 4e rang en 1960, 5e en 1961.

Jacques Anquetil (en haut à droite), dit «maître Jacques», fut le premier à gagner cinq fois le Tour: en 1957/61/ 62/63/64. Le Zurichois Hugo Koblet (en bas) jouait, au sommet de sa carrière en 1951, au chat et à la souris avec ses adversaires. 22 minutes d'avance sur Raphaël Geminiani.

temps. À présent, il faut foncer! Zaaf enfourche son vélo et pédale à toute allure... dans l'autre direction et... retourne à Perpignan au lieu de filer sur Nîmes. Hugo Koblet, par contre, va irrésistiblement de l'avant en 1951. Au sommet de sa carrière, le talentueux Zurichois joue au chat et à la souris avec ses adversaires. Tantôt à la pointe, tantôt en riposte. Tantôt locomotive, tantôt tender, en montée, en descente, en terrain plat, en course contre la montre et en lutte «corps à corps». Et toujours en gentlemen – de pied en cap. Avec l'accent sur le «cap»! Le peigne et l'éponge font partie du nécessaire de Koblet comme la pompe à vélo et le bidon. Peu avant l'arrivée au but, l'échappé sûr de sa victoire coiffe ses cheveux et lave son visage. Celui que le chansonnier français Jacques Grello célèbre comme «pédaleur de charme» n'est pas un misogyne et sait ce qu'il doit aux dames d'honneur qui l'accueillent sur le podium avec le baiser au vainqueur.

En plus de Koblet, quelques autres coureurs prennent part à ce Tour 1951 disputé par des hommes de valeur. Raphaël Geminiani, second, a 22 minutes d'écart, Bartali une demi-heure presque. Ont couru, en outre: Coppi, dixième, Bobet, vingtième. Ils s'escriment. Koblet, lui, travaille. Son spectacle de gala reste malheureusement sans retour. En 1952, Koblet est malade, en 1953 et 1954, il abandonne. En 1964, il percute un arbre avec sa voiture et meurt. Accident ou suicide? Les avis sont encore partagés à ce jour.

Le Tour de France ne tient pas compte des drames humains. Il poursuit imperturbablement son chemin. La télévision l'accompagne pour la première fois en 1952 et lui donne un regain de popularité. À 38 ans, Bartali ne se contente pas de jouer un rôle de figurant et ne perd aucune occasion de se glisser dans la roue arrière de Coppi. Furieux, celui-ci quitte l'hôtel où logent les Italiens et s'installe dans une autre auberge avec son amie Giulia Locatelli, la *dama bianca* toujours vêtue de blanc. Les médias commentent à satiété l'incident et une bonne moitié de l'Italie est choquée: un homme marié avec une femme mariée! Un *campionissimo* ne fait pas cela! Coppi le fait et s'offre les deux dans ce Tour: la victoire le jour, la compagnie d'une femme une fois le devoir quotidien accompli. Et Bartali, homme sérieux, est forcé de reconnaître définitivement la supériorité de son ennemi intime.

Après son second triomphe, Coppi se sépare pour toujours du Tour, alors que Bartali se lance encore une fois dans la grande aventure en 1953 avec un succès modeste (11e). *Il vecchio* survit à Coppi dans le Tour de France tout comme à la retraite. Fausto contracte la malaria lors d'un voyage en Afrique et succombe le 2 janvier 1960 à l'hôpital de Tortona à cette fièvre insidieuse.

La montagne sans ombre

En 1953, année du cinquantenaire du Tour de France, un Français doit impérativement gagner la Grande Boucle. Louison Bobet répond au désir de la Nation. Il remporte la première de ses trois victoires et entame en même temps une série ininterrompue de cinq victoires tricolores.

En 1954 et 1955, Jacques Goddet présente trois innovations. En 1954, le départ du Tour a lieu pour la première fois à l'étranger, à Amsterdam. En 1955, les Allemands ont, pour la première fois depuis 1938, le droit de participer et, autre nouveauté, il faut franchir le Mont Ventoux (1912 m). Ce toponyme évoque le vent, la tempête, mais cette montagne sans buissons, sans arbres et sans ombre devient surtout synonyme de doping. En 1955, dans les lacets abrupts, exposés sans merci à la chaleur, le Français Jean Malléjac tombe inopinément, sans connaissance, de son vélo, l'écume à la bouche. Doping! Les avertissements restent sans écho, la suite est mortelle. Des médicaments interdits anéantissent, au Mont Ventoux, la vie de l'ancien champion du monde anglais Tom Simpson.

L'HISTOIRE DU TOUR DE FRANCE

L'épidémie qui, en sourdine, sévissait déjà à l'époque des frères Pélissier, se propage irrésistiblement et difficilement contrôlable grâce à de nouveaux produits chimiques. Jusqu'au scandale en 1998! Les consommateurs du doping roulent dans le peloton de tête, les contrôleurs du doping, eux, devant la voiture-balai. La voiture-balai ne rejoint jamais le groupe de tête.

En 1913, 1914 et 1920, le Belge Philippe Thijs est le premier à gagner trois fois le Tour de France. En 1953, 1954 et 1955, Louison Bobet est le premier à le gagner trois fois d'affilée. En 1957, Jacques Anquetil «instaure» la quintuple victoire: en 1957 à 23 ans, puis en 1961, 1962, 1963 et 1964. Anquetil est un malin tacticien, un bon grimpeur, un mauvais sprinter et un excellent rouleur. La référence la plus marquante de ses 15 années de coureur professionnel: 63 victoires de courses contre la montre, dont neuf dans les Tours de France dominés par lui. Sans ces dernières épreuves, *Maître Jacques* (décédé des suites d'un cancer en 1987 à 53 ans) ne se serait guère trouvé cinq fois sur le haut du podium de la Grande Boucle.

Le langage de ceux qui décrivent le sport cycliste est souvent imagé. Roger Walkowiak, Charly Gaul et Federico Bahamontes, vainqueurs des années intermédiaires à celles de Bobet-Anquetil, étaient appelés *Walko*, *Chéri pipi* et *L'aigle de Toledo*. Gaul, spécialiste de la grimpée, porte, en 1957, dans la montée vers le Monte Bodone, le maillot rose du leader au Giro. Tenaillé par un besoin urgent et parce qu'il n'aime pas faire son pipi en roulant, il cherche un arbre qui convient et se soulage debout. Ce que les concurrents tolèrent généreusement d'habitude est impitoyablement châtié cette fois-ci par Nencini, Bobet, Geminiani et Baldini. D'un commun accord, ils relèguent Gaul à la quatrième place. Gastone Nencini prend le maillot rose au Luxembourgeois. *Chéri pipi*, quant à lui, prend sa revanche l'année suivante et, urinant adroitement du haut de son vélo, gagne le Tour en 1958.

En 1959, les deux favoris français, Jacques Anquetil et Roger Rivière, se rendent la vie dure. Ils ne se perdent pas des yeux. Le troisième larron dans ce duel sera Federico Bahamontes, une «chèvre de montagne» comme Charly Gaul. Bahamontes gagne six fois le prix de la montagne et est, en 1959, le premier Espagnol à gagner le Tour de France.

1960 aurait pu devenir le Tour de Hennes Junkermann, un Allemand de Cologne. Mais Junkermann échoue en raison de sa manière de rouler, souvent trop défensive, de la faiblesse de l'équipe allemande et d'une mauvaise connaissance de la langue française des managers dans la

Charly Gaul (en haut à gauche) fut l'un des meilleurs grimpeurs de son temps. Ce Luxembourgeois gagna dix étapes de montagne et monta trois fois sur le podium à Paris: troisième en 1955 et 1961, vainqueur en 1958. L'Espagne fêta Federico Bahamontes (en bas), «l'aigle de Tolédo», comme un héros national après sa victoire dans le Tour en 1959. Son bilan: 1er, 2e, 3e, 4e, et six fois roi de la montagne. Roger Rivière (en haut à droite), de Saint-Étienne, semblait en voie de gravir l'Olympe du Tour en 1960 lorsqu'il fut grièvement blessé à la colonne vertébrale lors d'une terrible chute et cloué au fauteuil roulant par la suite.

voiture suiveuse. Ceux-ci comprennent plutôt mal que bien les messages de Radio-Tour et pourvoient parcimonieusement d'informations valables leur champion, censé gagner *die grosse Schleife*. Au lieu de terminer le Tour en maillot jaune, Junkermann finit au 4e rang derrière Gastone Nencini, Graziano Batistini et Jan Adriansens. Ceux-ci ont profité de la terrible chute de Roger Rivières dans un ravin de 30 mètres de profondeur. Une épaisse broussaille a sauvé la vie du recordman mondial de l'heure, mais une grave lésion de la colonne vertébrale cloue au fauteuil roulant ce jeune homme de 24 ans toujours de bonne humeur. Le coureur cycliste français le plus prometteur de l'époque, invalide à 80 pour cent, échoue en affaires, se réfugie dans les drogues et meurt appauvri à 40 ans. Contrairement à Rivières, Junkermann revient en 1961, mais, de nouveau, n'a pas le courage et l'élan nécessaire pour compromettre sérieusement la victoire d'Anquetil. Celui-ci porte le maillot jaune du premier au dernier jour.

L'HISTOIRE DU TOUR DE FRANCE

Treizième étape le 13 juillet

Les années 60 marquent le début d'une nouvelle ère dans le Tour. Les montagnes à vaincre n'ont rien perdu de leur altitude, mais les vélos de course plus légers, les progrès techniques et l'accompagnement médical enlèvent aux coureurs de la Grande Boucle leur auréole de héros. En 1962, les équipes nationales disparaissent sous la pression des Italiens, car, dans leur pays, les équipes de marque donnent depuis longtemps le ton. Le travail en équipe compte plus que les initiatives individuelles; on programme les victoires, on téléguide les salariés qui pédalent; le chef dirige, les employés font la besogne. Il est vrai que ni le changement de règlement ni les Italiens ne peuvent empêcher Anquetil, l'homme à la règle à calcul, de remporter sa seconde, sa troisième, sa quatrième et sa cinquième victoire. Le dernier triomphe d'Anquetil, après un duel coude à coude avec Poulidor, est assombri par un accident. En 1964, un camion-citerne rentre dans la foule des spectateurs et tue huit personnes.

Pour la première fois depuis 32 ans, un Allemand – Kurt Stöpel à l'époque – conquiert le maillot jaune. Rudi Altig, excellent rouleur et bon sprinter, gagne huit étapes entre 1964 et 1969, mais les montagnes qu'il n'affectionne pas particulièrement l'empêchent de remporter la victoire finale. Celle-ci est du ressort du capitaine Anquetil qui veille strictement au maintien de la hiérarchie: «D'abord moi, ensuite Altig!»

En 1965, en l'absence d'Anquetil, Poulidor semble mûr pour le succès qui s'est fait trop attendre. Pour l'assurer, le directeur sportif Antonin Magne lui remet un billet portant les noms de onze prétendants à la victoire. *Poupou* est vigilant et pare à chaque attaque de ces rivaux. Antonin Magne en a pourtant oublié un, le jeune Felice Gimondi. Cet Italien de 22 ans, qui ne figure pas sur le fameux bil-

let, décroche. Poulidor le laisse faire... et finit deuxième à 2 ½ minutes derrière Gimondi. Anquetil s'en va, de jeunes Français arrivent: Lucien Aimar et Roger Pingeon. Aimar gagne en 1966, Pingeon en 1967. Quand il est question du Tour de France de Pingeon, on cite d'abord, en général, le nom de Tom Simpson. Champion du monde sur route en 1965, ce dernier gravit le diabolique Mont Ventoux parmi les premiers, mais soudain, à 1500 mètres du sommet, il bascule et tombe de son vélo. Une tentative de réanimation, une deuxième: vaines! Les secours médicaux ne peuvent plus rien. Le coureur britannique meurt dans la journée la plus torride de l'année des suites d'une surdose de produits chimiques. Le malheur porte deux dates: 13ᵉ étape, 13 juillet.

Quand Eddy Merckx s'échappait en solo, comme en 1970 dans les Alpes, les concurrents devaient généralement se contenter des positions entre 2 et voiture-balai (en haut). Même pour le plus grand parmi les grands, les dieux placèrent le labeur devant la valeur. Eddy Merckx (en bas à gauche) battit presque tous les records: cinq victoires au Tour et 34 d'étape, 96 jours en maillot jaune. En 1965, le Bergamasque Felice Gimondi (en bas à droite) prit le commandement de la neuvième étape, ce à quoi même Raymond Poulidor (à gauche sur l'image) ne put rien changer. Une fois de plus, il finit second.

Deux coureurs qui ne furent jamais amis, mais montèrent souvent sur le podium (en haut): Raymond Poulidor (à gauche sur l'image) et Jacques Anquetil. Rudi Altig (en bas) porta le maillot jaune pendant 18 jours.

L'HISTOIRE DU TOUR DE FRANCE

On apprend à ses dépens – la France aussi. Le Tour de France instaure des contrôles de doping en 1968, et la Hollande se réjouit de saluer son premier vainqueur dans la *Ronde van Frankrijk*. Il vient de Nootdorp, porte des lunettes, se nomme Jan Janssen et gagne avant tout grâce à la course contre la montre finale – de justesse (38 secondes) – devant le Belge Hermann Vanspringel.

Neil Armstrong et Eddy Merckx

En 1967, le Tour est de nouveau composé d'équipes nationales, mais on abandonne ce système en 1969 déjà. En juillet 1969, un événement mondial et un événement historique dans le sport cycliste font la une des journaux. Neil Armstrong est le premier homme à poser son pied sur la Lune, et Eddy Merckx entreprend de dominer le Tour de France. Pour un peu, cette entreprise aurait été reportée à l'année suivante. Le porteur du maillot rose Merckx est convaincu de doping après la 17e étape du Giro et suspendu pour quatre mois. Mais parce que le festival français du vélo a grand besoin d'une revalorisation après les vainqueurs plutôt ternes du passé récent, plusieurs lobbyistes conjuguent leurs efforts pour obtenir une réduction de cette sanction à dix jours. Comme par hasard, cette amnestie permet tout juste à Merckx de prendre le départ au Tour de France. Le Belge dit merci, endosse le maillot jaune le deuxième jour et, jusqu'à Paris, déclasse Pingeon de 18 minutes, Poulidor de 22 et Gimondi de 30.

La suite se déroule dans le même style: en 1970 et 1971, Merckx devant Zoetemelk, en 1972 devant Gimondi et en 1974 devant Poulidor. En 1973, le «Lion de Flandre» renonce à la participation, de sorte que l'Espagnol Luis Ocaña a enfin l'occasion de s'affirmer.

En 1975, Merckx devrait marquer son sixième coup, mais Bernard Thévenet, son cadet de trois ans, l'empêche d'établir ce record. De plus, Merckx se casse l'os de la pommette gauche dans une chute. Le fait qu'il tient néanmoins bon jusqu'à Paris (2 minutes 47 secondes derrière le Français) vaut à l'insatiable *cannibale* des commentaires positifs.

En 1976, le montant du prix dépasse pour la première fois le million de francs. Merckx est absent. En revanche, Raymond Poulidor enfourche de nouveau le vélo de course à 40 ans. Il termine au troisième rang son 14e et dernier Tour, derrière Lucien van Impe, le grimpeur belge (six fois gagnant du Prix de la montagne) et du rouleur hollandais Joop Zoetemelk.

Merckx revient en 1977. Il veut absolument gagner la grande lutte contre Anquetil. Mais, une fois de plus, Bernard Thévenet l'empêche de fêter son sixième triomphe. Toutefois, avant que le Français n'assume le rôle du personnage principal, un blanc-bec de 22 ans lui vole la vedette. Dietrich Thurau, *Didi*, endosse durant 15 jours le maillot jaune et porte à la limite de l'extase l'Allemagne qui somnolait jusque-là dans le domaine des courses cyclistes. Ce bizuth du Tour ar-

Bernard Thévenet est vainqueur en 1975 et 1977; en 1976, il abandonne. Après la seconde étape des Alpes, le Français, épuisé, doit avoir recours au secours d'un gendarme (en haut à gauche). Luis Ocaña, Espagnol vivant en France (en haut à droite) humilie Eddy Merckx en 1971 dans l'étape royale (avance 8:42), mais, vainqueur présumé, perd le maillot jaune trois jours plus tard après une grave chute sur le Col de Mente. Hôpital au lieu de podium! En 1973, Ocaña a plus de chance: premier vainqueur espagnol depuis Bahamontes en 1959. Vendredi 13 juillet 1967, drame sur le Mont Ventoux (en bas): Tom Simpson, 29 ans, est au bout de ses forces sur la montagne sans ombre. Chute, tentatives de réanimation, décès à Avignon. Doping!

L'HISTOIRE DU TOUR DE FRANCE

rive jusqu'à l'étape royale de Chamonix–l'Alpe-d'Huez avant de voir son élan se briser et la fièvre jaune teutonique se calmer. Avec cinq victoires d'étape, le cinquième rang au classement général et la distinction de «meilleur jeune pro», cet habitant de Francfort-sur-le Main a toutefois largement atteint son objectif. Malheureusement, l'étoile de Thurau s'éteint relativement tôt. En 1979, *Didi* gagne encore une étape; en 1980 et 1981, il abandonne.

Merckx s'en va. Hinault arrive

Tantôt les nouveautés sont introduites par les organisateurs, tantôt par les coureurs actifs. En 1978, on renvoie chez lui, pour la première fois, le porteur du maillot jaune. Lors du contrôle de doping à l'Alpe-d'Huez, le Belge Michel Pollentier tente de leurrer les médecins en leur remettant une urine étrangère. On découvre la supercherie; Hinault, successeur de Merckx, gagne le Tour. Le classement Bernard Hinault devant Joop Zoetemelk et Joaquim Agostino se répète en 1979. Deux fois de suite les mêmes gagnants sur le podium, c'est également une nouveauté dans les 76 années d'histoire du Tour.

Fièvre jaune en Allemagne. La révélation de l'année 1977 est Dietrich Thurau, «Didi», de Francfort (en haut): 15 jours en jaune, cinq victoires d'étape, cinquième rang au général, meilleur jeune pro. Sans ses douleurs presque chroniques au genou, Bernard Hinault (en bas) aurait sans doute gagné le Tour plus que cinq fois.

La troisième victoire d'affilée d'Hinault semble devenir une réalité en 1980. Le dominateur du Giro porte le maillot jaune avant le trajet des quatre cols dans les Pyrénées, mais, tourmenté par des douleurs au genou et une ténosynovite

aiguë, abandonne en douce la compétition. La Nation est sidérée! Zoetemelk hérite. Lors de sa dixième tentative, ce Hollandais vivant en France gagne enfin la Grande Boucle. Celle-ci passe dans les annales sous le nom de *Tour des seniors*. Age moyen des cinq premiers: 32,8 ans. D'autres premières suivent. En 1981, un Australien, Phil Andersen, arbore pour la première fois – temporairement – l'emblème du leader. Et quand l'Américain Greg LeMond découvre l'open-air cycliste de France, la prédominance des pédaleurs de l'Ancien continent commence à vaciller sérieusement. LeMond se perfectionne continuellement. Troisième en 1984 (et premier Américain sur le podium), second en 1985, vainqueur en 1986. C'est la fin de 83 ans d'hégémonie européenne! LeMond a dû s'imposer contre 209 participants, contre le plus grand peloton qui ait jamais fait le tour de la France en vélo.

Avant le premier triomphe de LeMond, Hinault gagne encore deux fois, en 1982 et 1985. En 1983, il doit renoncer à participer en raison d'une opération au genou. Celle-ci lui gâche aussi la saison suivante. C'est son ancien élève, Laurent Fignon, qui en profite. Malgré son doublé de 1983 et 1984, ce Parisien blond portant lunettes à monture invisible, à l'allure professorale, ne gagnera jamais les cœurs des fans du cyclisme. Il a horreur des apparitions en public et ne craint pas de décharger occasionnellement sa mauvaise humeur sur ce public et sur les médias.

En 1987, Stephen Roche remporte la première victoire irlandaise ainsi que le triplé Hattrick Giro-Tour de France-Championnat du monde sur route en une même année (réalisé jusque-là par Merckx seulement). En 1988, Pedro Delgado trouve la voie libre parce que les favoris le plus souvent cités sont éliminés ou ont désespérément rétrogradé. Delgado a toutefois besoin d'avocats éloquents en haut lieu. Cinq jours avant la fin du Tour, le laboratoire du doping si-

Le double vainqueur Laurent Fignon (en haut) profite en 1983 et 1984 des douleurs au genou de son «maître à penser» Bernard Hinault. En 1986, un Américain, Greg LeMond (en bas), gagne pour la première fois le Tour. En 1989 et 1990, il répète l'exploit.

gnale: Delgado positif, contre-analyse positive. Au moyen d'un certain nombre de détours, certains officiels espagnols parviennent à empêcher sa disqualification.

En 1989, Greg LeMond fête, après une longue période de souffrances, ses retrouvailles avec la Grande Boucle. À la chasse avec son beau-frère au printemps, il a été pris pour un dindon et touché par une balle. Une appendicectomie et des opérations du tendon prolongent la convalescence de LeMond, mais

L'HISTOIRE DU TOUR DE FRANCE

n'affaiblissent pas son moral. Après un duel dramatique avec Fignon, il ne reste plus que 8 secondes entre les deux sur les Champs-Élysées. Après un trajet de 3285 kilomètres, un écart de 8 secondes, environ 80 mètres! Jamais auparavant et jamais plus depuis lors, il n'a été aussi petit.

D'une manière moins spectaculaire, voire presque terne par rapport à l'année précédente, Greg LeMond remporte sa troisième victoire en 1990. Le montant total des prix pour l'ensemble des participants dépasse, pour la première fois, 10 millions de francs. «Peanuts», disent les Américains qui prennent note en passant du succès de leur compatriote. Ce que gagne un coureur en trois semaines, les champions d'autres disciplines, aux États-Unis avant tout, l'empochent en une heure.

Le quintuplé non-stop d'Indurain

Il est vrai que quelques professionnels du cyclisme sont devenus multimillionnaires. Miguel Indurain, par exemple. Comme Anquetil, Merckx et Hinault, il réussit la quintuple victoire, mais il est le seul à l'avoir accomplie d'affilée. C'est en 1991 que la tâche la plus difficile attend ce Basque de 27 ans, originaire de Villava près de Pampelune. Car on n'avait pas prévu son premier succès. Indurain doit lutter âprement pour le rang de capitaine dans l'*Equipo Banesto* contre Pedro Delgado établi là depuis longtemps. Une fois la lutte interne tranchée en sa faveur, ce bon grimpeur et excellent coureur contre la montre montre sa roue arrière au reste du peloton. En 1991 et 1992, ce sont surtout les Italiens Gianni Bugno et Claudio Chiappucci qui lui opposent de la résistance, en 1993 et 1995, les Suisses Tony Rominger et Alex Zülle, et en 1994, c'est le Letton Piotr Ugrumow.

Indurain, silencieux de nature, n'apprécie pas l'offensive. Dans les montées, il se contente généralement d'avoir l'œil sur ses concurrents les plus dangereux pour les dominer ensuite dans les courses contre la montre. En 1995 seulement, l'Espagnol attaque déjà dans les Ardennes et empêche la première victoire suisse depuis 45 ans, visée par Tony Rominger et presque remportée par Alex Zülle. Indurain ne déclasse jamais son adversaire. Il fait toujours du travail sur mesure tactique, avec des réserves de temps totales de 3 ½ à 6 minutes seulement.

En 1991, les élites du Tour sont menacées pour la première fois par des coureurs de l'ancienne Union soviétique. Des Russes gagnent cinq des 22 étapes. En 1992, l'itinéraire passe – en l'honneur de la C. E.– par sept pays.

En 1996, le circuit démarre une semaine plus tôt que d'habitude, en raison des Jeux olympiques. Cela paraît contrarier les faiseurs de la pluie et du beau temps! Pluie, tempête, froid et neige décuplent les peines des coureurs. Indurain aurait préféré le soleil et la chaleur. C'est peut-être pour cela qu'il faiblit dans les Alpes et rate, comme ses prédécesseurs, le sixième triomphe escompté. À l'Européen du Sud succède l'Européen du Nord Bjarne Riis qui résiste mieux aux caprices de la météo. Le Danois profite de la hiérarchie de l'équipe Telekom: Riis numéro 1, Ullrich numéro 2. Le novice aide l'expert, et l'équipe Telekom, ancienne équipe-cendrillon, se classe, par une double victoire, dans les rangs de ceux qui ont réussi.

Contrôle de dopage: Pedro Delgado positif! Mais l'Espagnol a des avocats influents et peut être déclaré vainqueur à Paris. Les applaudissements sont plutôt tièdes.

Les principaux acteurs en 1978 (en haut à gauche; de gauche à droite): vainqueur, Bernard Hinault; second, Joop Zoetemelk; premier au classement par points, Freddy Maertens. L'Espagnol Miguel Indurain (en haut à droite) est le premier à gagner cinq fois d'affilée le Tour de France: 1991–1995. Tony Rominger (en bas) est l'un des rivaux les plus tenaces d'Indurain, mais ni lui en 1993, ni son compatriote Alex Zülle en 1995, ne parviennent à dépasser le second rang.

L'HISTOIRE DU TOUR DE FRANCE

En 1996 et 1997, c'est l'équipe Deutsche Telekom qui donne le ton. Au Danois Bjarne Riis succède la jeune star Jan Ullrich (en haut). Le premier triomphe allemand au Tour de France suscite, dans le pays auquel le monde doit le vélo, beaucoup d'enthousiasme. Grâce à son intermède en solo dans les montagnes, Marco Pantani (en bas) atténue pour le moins temporairement les gros titres négatifs du Tour d'Epo 1998.

En 1997, Telekom opte pour la même stratégie. Riis 1, Ullrich 2. Le plus jeune accepte l'ordre prescrit, mais lorsqu'il atteint sa pleine forme au fil de la course, alors que Riis traînaille plutôt, on intervertit les rôles. Le blond Scandinave retourne à Ullrich les services que celui-ci lui a rendus l'année précédente, se fait son chevalier servant et contribue pour une grande part au succès de l'ex-champion du monde amateur de 23 ans, originaire de Rostock. Le 14 juillet est la fête nationale officielle des Français. Le 15 juillet 1997 est l'inofficielle des Allemands. Ce jour-là, Ullrich desserre ses freins, laisse derrière lui tous ses rivaux sur les 252 kilomètres de la montée finale dans l'étape pyrénéenne des quatre cols Luchon-Andorre-Arcalis, leur montre ensuite, dans la course contre la montre, de quel bois il se chauffe, et défend magistralement son maillot jaune. Ce que n'ont pas réussi Stöpel, Altig et Thurau, le jeune cycliste Ullrich l'accomplit à la deuxième tentative: être le premier vainqueur allemand après 94 années de Tour de France. Ils sont 100 000 à fêter à Bonn ce nouveau héros national. Des experts amateurs du pays auquel nous devons le vélo sont d'accord pour déclarer: «Ullrich est unique». Et ils posent la question: «Qui peut le supplanter?»

Douze mois plus tard, Marco Pantani répond: «Io!». Après l'ouverture du Tour de France à Dublin (vu le championnat du monde de football en France, le Tour émigre en Irlande en 1998 pour la phase de départ), on ne trouverait guère quelqu'un prêt à parier une lire sur cet homme au crâne rasé, à la barbiche méphistophélique et aux oreilles marquantes. Dans le classement du prologue, Pantani figure parmi les derniers, bien loin derrière Ullrich. L'Allemand paraît être en voie de remporter sa seconde victoire... oui, s'il n'y avait pas eu là la fameuse «fringale». Lorsque Pantani entame un solo au pied de la rampe en direction des Deux-Alpes, Ullrich se met à flancher. Jusqu'au but de l'étape, le «pirate» de Cesenatico ravit à sa victime (qui, apparemment, n'a pas assez mangé) presque neuf minutes et, de plus, le maillot jaune. Voilà 33 ans que les *tifosi* attendent cela, depuis Gimondi en 1965! Pantani, qui s'en remet à ses enlevages intempestifs dans les virages abrupts, est alors le septième à réaliser dans la même année le doublé Giro-Tour de France.

L'attaque frontale de Dame Justice

La publicité suscitée par le duel Pantani-Ullrich est forte, mais elle est modeste comparée à celle que provoque la police française en attaquant de front la pratique du dopage. Dame Justice révèle le plus grand scandale de l'histoire du sport cycliste et étale au grand jour ce qu'on a discrètement occulté durant des décennies. Le gros mot du sport de l'été 1998 se prononce «Erythropoïétine», Epo en bref. Certains pêcheurs sont punis avant le Tour déjà en raison de valeurs trop élevées d'hématocrite. Mais le grand nettoyage à fond ne commence qu'à la mi-juillet, après que le masseur Willy Voet de l'équipe Festina-Lotus se trouve pris dans un contrôle douanier avec une auto bourrée de médicaments interdits.

Les neuf pros de cette équipe, dont les favoris Alex Zülle, Richard Virenque et Laurent Dufaux, sont congédiés, bien qu'ils aient tous passé sans objection le contrôle du dopage. Mais, argumente le directeur du Tour Jean-Marie Leblanc, ils ont fait du tort à son entreprise. La gendarmerie s'acquitte strictement de ses fonctions.

Les razzias, arrestations, fouilles corporelles et audition durant des nuits entières font partie intégrante du Tour 1998 au même titre que les dames d'honneur. Pas un jour ne se passe sans nouvelles révélations! Les reportages sur le Tour sont publiés sur les pages sportives tout comme sur l'encart *Recherche et médecine* ou sous la rubrique *Crimes*. Après le départ pour la douzième étape, les pros irrités mettent en scène une grève sur le tas télégénique. Et sur le 17e tronçon, d'Albertville à Aix-les-Bains, ils flânent à l'allure d'un groupe de vétérans cyclistes et portent le Tour à la limite de l'arrêt. Les équipes espagnoles se soustraient à la loi française par la fuite dans leur pays; l'équipe TVM profite du crochet en Suisse pour se défiler «sur terrain neutre». La veilleuse devient une flamme, le feu un grand incendie. 189 coureurs ont pris le départ de bon cœur à Dublin le 11 juillet; 96 arrivent au but à Paris le 2 août, certains avec une très mauvaise conscience. La performance de Marco Pantani dans les montagnes compense, du moins passagèrement, les gros titres négatifs publiés sur le Tour d'Epo.

Marco Pantani semble aussi être le favori du dernier Tour de ce siècle. Dans le Giro d'Italia, il déclasse presque à volonté ses adversaires, mais se voit abruptement stoppé l'avant-dernier jour de la course par les contrôleurs du dopage: 52 au lieu

L'HISTOIRE DU TOUR DE FRANCE

de 50 pour cent d'hématocrite, retour à Cesenatico au lieu de monter sur le plus haut podium du Giro à Milan! Au départ du 86ᵉ Tour de France en 1999 sont absents, outre Pantani, Bartoli, Camenzind, Jalabert, Riis et Ullrich, souffrants ou blessés. Lance Armstrong, 28 ans, trouve ainsi la voie libre pour le «Tour de Lance» (ainsi titrent des médias aux USA). L'Américain devient la vedette du Tour de France et le personnage principal du conte de fée intitulé *Du lit de mort à l'Olympe du cyclisme*. Après le grave cancer dont est atteint le champion du monde professionnel de la route en 1993, les médecins ne donnent plus que 50 pour cent de chances de survie à leur patient en 1996. Mais de 50 le Texan fait 100, gagne, un peu moins de trois ans plus tard, le prologue, deux courses contre la montre et une étape dans les Alpes, porte du jaune pendant 15 jours et est fêté à Paris comme le plus rapide du plus rapide Tour de France de tous les temps (vitesse moyenne: 40,276 kilomètres-heure!), 7 ½ minutes devant le Suisse Alex Zülle. L'Allemand Erik Zabel s'assure, pour la quatrième fois consécutive,

Le Tour (presque) sans dopage 1999 s'est déroulé sous le signe de la réhabilitation. Richard Virenque (devant) gagne le Prix de la montagne, Lance Armstrong (au milieu) devant Alex Zülle, dans la dernière Grande Boucle du second millénaire.

la victoire au classement par points, le Français Richard Virenque domine pour la cinquième fois dans le Grand prix de la montagne et Jann Kirispuu est le premier Estonien à conquérir le maillot jaune (pour une semaine entière tout de même).
Titulaire de quatre victoires d'étape, Mario Cipollini dépasse de 939 mètres, à 50,356 kilomètres-heure, sur le trajet de Laval à Blois, la moyenne record courue par Johann Bruyneel en 1993. Aspect positif pour les organisateurs: pas un seul cas de dopage (constaté). Aspect négatif pour les organisateurs: pas une seule victoire d'étape française... pour la première fois depuis 73 ans.

Échappées de lumière

Le plus jeune vainqueur: 1904, Henri Cornet, 20 ans.
Le vainqueur le plus âgé: 1948, Gino Bartali, 34 ans.

Records de victoires: Jacques Anquetil, Eddy Merckx, Bernard Hinault, Miguel Indurain, tous quintuples, consécutifs pour Indurain seulement.

Le plus grand nombre de victoires d'étape par Tour: 1930, Charles Pélissier; 1970, Eddy Merckx; 1976, Freddy Maertens; 8 chacun.

Le Luxembourgeois Lucien Faber a gagné 6 des 14 étapes en 1909, dont 5 d'affilée.

Eddy Merckx a gagné 34 étapes et a porté le maillot jaune durant 96 jours.

Le plus grand nombre de podiums à Paris:
Raymond Poulidor 8, Joop Zoetemelk 7.

Hattrick Giro, Tour de France, Championnat du monde sur route dans la même année: 1974, Eddy Merckx; 1987, Stephen Roche.

Le premier porteur du maillot jaune: 1919, Eugène Christophe.

Le premier vainqueur du Prix de la montagne: 1933, Vicente Trueba (Espagne).

Le circuit le plus court: 1904, 6 étapes, 2388 km.
Le circuit le plus long: 1926, 17 étapes, 5745 km.

L'étape la plus longue: 1923, Les Sables d'Olonne-Bayonne, 482 km.
Temps du vainqueur: 20 heures, 16 minutes, 56 secondes.

Le plus petit nombre de participants: 1903, 1905, 1934, 60 coureurs par Tour.
Le plus grand nombre de participants: 1986, 210 coureurs.

En 1910, première traversée des Pyrénées.
En 1911, première traversée des Alpes.

La plus grande avance dans une étape: 1903, Marseille-Toulouse, 432 km; Hyppolyte Aucouturier, 31 minutes 56 secondes.

Le plus grand écart entre le premier et le dernier au but de l'étape: 1908, Brest-Caen, 24 heures. Le dernier a pris 40 heures pour l'étape.

Le plus grand écart entre le premier et le dernier au classement général: 1903, Maurice Garin, après 2428 km; 2 heures 49 minutes sur René Pottier.

Le plus petit écart entre le premier et le dernier au classement général: 1989, Greg LeMond, après 3285 km; 8 secondes (env. 80 m) sur Laurent Fignon.

L'étape la plus rapide: 1999, Laval-Blois, Mario Cipollini, 50,356 km/h.
Plus de 50 km/h pour la première fois.

Le Tour de France le plus rapide: 1999, Lance Armstrong, 3690 km avec une moyenne horaire de 40,276 km. Plus de 40 km/h pour la première fois.

LES VAINQUEURS

An	Étapes	Distance (km)	Partis	Classés	Premier	Deuxième	Troisième	Écart entre le 1er et le 2e (mn)
1903	6	2428	60	21	Maurice Garin F	Lucien Pothier F	Fernand Augereau F	2:49:00
1904	6	2388	88	23	Henri Cornet F	J.B. Dortignacq F	Philippe Jousselin F	2:16:14
1905	11	2975	60	24	Louis Trousselier F	Hippolyte Aucouturier F	J.B. Dortignacq F	26 points
1906	13	4637	75	14	René Pottier F	Georges Passerieu F	Louis Trousselier F	28 points
1907	14	4488	93	33	Lucien Petit-Breton F	Gustave Garrigou F	Émile Georget F	19 points
1908	14	4488	114	36	Lucien Petit-Breton F	François Faber L	Georges Passerieu F	32 points
1909	14	4497	150	55	François Faber L	Gustave Garrigou F	Jean Alavoine F	20 points
1910	15	4700	110	41	Octave Lapize F	François Faber L	Gustave Garrigou F	4 points
1911	15	5544	84	28	Gustave Garrigou F	Paul Duboc F	Émile Georget F	41 points
1912	15	5229	131	41	Odile Defraye B	Eugène Christophe F	Gustave Garrigou F	59,5 points
1913	15	5387	140	25	Philippe Thijs B	Gustave Garrigou F	Marcel Buysse B	8:37
1914	15	5414	146	54	Philippe Thijs B	Henri Pélissier F	Jean Alavoine F	1:50:00
1919	15	5560	69	11	Firmin Lambot B	Jean Alavoine F	Eugène Christophe F	1:42:45
1920	15	5503	113	22	Philippe Thijs B	Hector Heusghem B	Firmon Lambot B	57:00
1921	15	5484	123	38	Léon Scieur B	Hector Heusghem B	Honoré Barthélemy F	19:02
1922	15	5375	121	38	Firmin Lambot B	Jean Alavoine F	Félix Sellier B	41:15
1923	15	5386	139	48	Henri Pélissier F	Ottavio Bottecchia I	Romain Bellenger F	30:41
1924	15	5427	157	60	Ottavio Bottecchia I	Nicolas Frantz L	Lucien Buysse B	35:36
1925	18	5430	130	49	Ottavio Bottecchia I	Lucien Buysse B	Bartolomeo Aymo I	54:20
1926	17	5745	126	41	Lucien Buysse B	Nicolas Frantz L	Bartolomeo Aymo I	1:22:25
1927	24	5321	142	39	Nicolas Frantz L	Maurice Dewaele B	Julien Vervaecke B	1:48:21
1928	22	5377	162	41	Nicolas Frantz L	André Leducq F	Maurice Dewaele B	50:07
1929	22	5288	155	60	Maurice Dewaele B	Giuseppe Pancera I	Joseph Demuysere B	32:07
1930	21	4818	100	59	André Leducq F	Learco Guerra I	Antonin Magne F	14:19
1931	24	5095	81	35	Antonin Magne F	Joseph Demuysere B	Antonio Pesenti I	12:56
1932	21	4502	80	57	André Leducq F	Kurt Stöpel G	Francesco Camusso I	24:03
1933	23	4395	80	40	Georges Speicher F	Learco Guerra I	Giuseppe Martano I	4:01
1934	23	4363	60	39	Antonin Magne F	Giuseppe Martano I	Roger Lapébie F	27:31
1935	21	4302	93	46	Romain Maes B	Ambrogio Morelli I	Félicien Vervaecke B	17:52
1936	21	4442	90	43	Silvère Maes B	Antonin Magne F	Félicien Vervaecke B	26:55
1937	20	4415	98	46	Roger Lapébie F	Mario Vicini I	Leo Amberg CH	7:17
1938	21	4694	96	55	Gino Bartali I	Félicien Vervaecke B	Victor Cosson F	18:27
1939	18	4224	79	49	Silvère Maes B	René Vietto F	Lucien Vlaemynck B	30:08
1947	21	4640	100	53	Jean Robic F	Édouard Fachleitner F	Pierre Brambilla I	3:58
1948	21	4922	120	44	Gino Bartali I	Brik Schotte B	Guy Lapébie F	26:16
1949	21	4813	120	55	Fausto Coppi I	Gino Bartali I	Jacques Marinelli F	10:55
1950	22	4776	116	51	Ferdy Kübler CH	Stan Ockers B	Louison Bobet F	9:30
1951	24	4474	123	66	Hugo Koblet CH	Raphaël Geminiani I	Lucien Lazaridés F	22:00
1952	23	4807	122	78	Fausto Coppi I	Stan Ockers B	Bernardo Ruiz E	28:17
1953	22	4479	119	76	Louison Bobet F	Jean Malléjac F	Giancarlo Astrua I	14:18
1954	23	4855	110	69	Louison Bobet F	Ferdy Kübler CH	Fritz Schär CH	15:49
1955	22	4495	130	69	Louison Bobet F	Jean Brankart B	Charly Gaul L	4:53
1956	22	4528	120	88	Roger Walkowiak F	Gilbert Bauvin F	Jan Adriaensens B	1:25

LES VAINQUEURS

An	Étapes	Distance (km)	Partis	Classés	Premier	Deuxième	Troisième	Écart entre le 1ᵉʳ et le 2ᵉ (mn)
1957	22	4555	120	56	Jacques Anquetil F	Marc. Janssens B	Adolf Christian A	14:56
1958	24	4319,5	120	78	Charly Gaul L	Vito Favero I	Raph. Geminiani F	3:10
1959	22	4363	120	65	Federico Bahamontes E	Henri Anglade F	Jacques Anquetil F	4:01
1960	21	4272	128	81	Gastone Nencini I	Graziano Battistini I	Jan Adriaensens B	5:02
1961	21	4394	132	72	Jacques Anquetil F	Guido Carlesi I	Charly Gaul L	12:14
1962	22	4272,5	149	94	Jacques Anquetil F	Jef Planckaert B	Raymond Poulidor F	4:59
1963	21	4140,8	130	76	Jacques Anquetil F	Federico Bahamontes E	José Perez-Frances E	3:35
1964	22	4505,2	132	81	Jacques Anquetil F	Raymond Poulidor F	Federico Bahamontes E	55 sec
1965	22	4175,9	130	96	Felice Gimondi I	Raymond Poulidor F	Gianni Motta I	2:40
1966	22	4329	130	82	Lucien Aimar F	Jan Janssen NL	Raymond Poulidor F	1:07
1967	22	4780	130	88	Roger Pingeon F	Julio Jimenez E	Franco Balmanion I	3:40
1968	22	4662,3	110	63	Jan Janssen NL	Hermann Vanspringel B	Ferdinand Bracke B	38 sec
1969	22	4102	129	86	Eddy Merckx B	Roger Pingeon F	Raymond Poulidor F	17:54
1970	23	4366,8	150	100	Eddy Merckx B	Joop Zoetemelk NL	Gösta Pettersson S	12:41
1971	20	3689,6	129	94	Eddy Merckx B	Joop Zoetemelk NL	Lucien van Impe B	9:51
1972	20	3846,6	132	88	Eddy Merckx B	Felice Gimondi I	Raymond Poulidor F	10:41
1973	20	4140,4	132	87	Luis Ocaña E	Bernard Thévenet F	José Manuel Fuente E	15:51
1974	22	4098,2	130	105	Eddy Merckx B	Raymond Poulidor F	Vic. Lopez Carril E	8:04
1975	22	3999,1	140	86	Bernard Thévenet F	Eddy Merckx B	Lucien van Impe B	2:47
1976	22	4016,5	130	87	Lucien van Impe B	Joop Zoetemelk NL	Raymond Poulidor F	4:14
1977	22	4092,9	100	53	Bernard Thévenet F	Hennie Kuiper NL	Lucien van Impe B	48 sec
1978	22	3913,8	110	78	Bernard Hinault F	Joop Zoetemelk NL	Joaquim Agostinho P	3:56
1979	24	3720,4	150	89	Bernard Hinault F	Joop Zoetemelk NL	Joaquim Agostinho P	13:37
1980	22	3945,5	130	85	Joop Zoetemelk NL	Hennie Kuiper NL	Raymond Martin F	6:55
1981	22	3756,6	150	121	Bernard Hinault F	Lucien van Impe B	Robert Alban F	14:34
1982	21	3512	169	125	Bernard Hinault F	Joop Zoetemelk NL	Joh. Van der Velde NL	6:21
1983	22	3962	140	88	Laurent Fignon F	Angel Arroyo E	Peter Winnen NL	4:04
1984	23	4020,9	140	124	Laurent Fignon F	Bernard Hinault F	Greg Lemond USA	10:32
1985	22	4127,3	179	144	Bernard Hinault F	Greg Lemond USA	Stephen Roche Irl	1:42
1986	23	4083	210	132	Greg Lemond USA	Bernard Hinault F	Urs Zimmermann CH	3:10
1987	25	4231,1	207	135	Stephen Roche Irl	Pedro Delgado E	J.-Fr. Bernard F	40 sec
1988	22	3281,5	198	151	Pedro Delgado E	Steven Rooks NL	Fabio Parra Col	7:13
1989	21	3285,3	198	138	Greg Lemond USA	Laurent Fignon F	Pedro Delgado E	8 sec
1990	21	3448,8	198	156	Greg Lemond USA	Claudio Chiappucci I	Erik Breukink NL	2:16
1991	22	3914,4	198	158	Miguel Indurain E	Gianni Bugno I	Claudio Chiappucci I	3:36
1992	21	3983	198	130	Miguel Indurain E	Claudio Chiappucci I	Gianni Bugno I	4:35
1993	20	3714,3	180	136	Miguel Indurain E	Tony Rominger CH	Zenon Jaskula Po	4:59
1994	21	3978,2	180	117	Miguel Indurain E	Piotr Ugrumov Let	Marco Pantani I	5:39
1995	20	3635	189	115	Miguel Indurain E	Alex Zülle CH	Bjarne Riis Da	4:35
1996	21	3765	198	129	Bjarne Riis Da	Jan Ullrich G	Richard Virenque F	1:14
1997	21	3944	198	139	Jan Ullrich G	Richard Virenque F	Marco Pantani I	9:09
1998	21	3875	189	96	Marco Pantani I	Jan Ullrich G	Bobby Julich USA	3:21
1999	20	3690	180	141	Lance Armstrong USA	Alex Zülle CH	Fernando Escartin E	7:37

Remerciements et sources iconographiques

Les photographies publiées dans ce livre ont été prises en 1998 et 1999. Le photographe a travaillé, entre autres, avec un appareil Nikon F5 sur Kodak TRI-X Pan 400. Les agrandissements ont été effectués sur papier Ilford Ilfobrom Galerie FB.

Remerciements
Je remercie tous ceux qui m'ont permis d'accompagner le Tour de France en qualité de photographe et m'ont soutenu pratiquement et par leurs conseils au cours de mon travail: Walter Leibundgut, Elmar Wagner, James Starrt, Arthur Schmed, Antonio Salutini, Claudio Corti et Armin Meier. Charlie Federer, ma famille et Manuel Bauer m'ont soutenu, même pendant mes «traversées du désert», et n'ont cessé de me motiver. Je remercie mes collègues de l'Agence Lookat de leur collaboration critique, notamment Nicole Aeby et Ashley Woods, ainsi que Koni Nordmann, Matthias Kamm, Arnold Kohler, David Roth et Martin Kissling. Mes remerciements particuliers s'adressent à Oliver von Arx qui m'a accompagné en tant qu'assistant et chauffeur dans les deux Tours de France.

Markus Bühler

Les Éditions remercient de leur généreux soutien:
Samaro AG, Wetzikon
Alleedo AG, Zurich
Carrosserie Aeschlimann, Dällikon

Sources iconographiques
(h = en haut, m = au milieu, b = en bas, g = à gauche, d = à droite)
Gamma, Vanves: p. 141 h, b, 143 hd, 146 m.
Ringier Dokumentation Bild, Zurich: p. 142 hd, 144 hg, 147 bd, 148 hg, 150 hg, hd, b, 151 hd, 152 hg, hd, md, 153 bg, bd, 154 m, 155 hd, b.
Archiv «Sport», Zurich: p. 138/139, 140 b, 142/143 b, 144 hd, b, 145 m, 146 hg, hd, b, 147 hg, hd, bg, 148 hd, m, b, 149 hg, hd, b, 151 hg, b, 152 mg, b, 153 hg, hd, 154 hg, hd, b, 155 hg, m.
Inconnu*: p. 140 h, 142 hg, 143 hg, 145 h, b.
Toutes les autres photographies ont été faites par Markus Bühler.

* Pour certaines photos historiques, nous n'avons pas pu déceler les propriétaires des droits d'auteur. Les Éditions les prient de faire connaître leurs prétentions aux droits d'auteur avec les justifications correspondantes.

© AS Verlag Zurich, 1999
Version française:
Elfie Schaller-Gehenn, Tann (Zurich)
Conception graphique et mise en page:
Heinz von Arx, Urs Bolz, Zurich
Rédaction des textes allemands et lecture: Andres Betschart, Zurich
ISBN 3-905111-46-2